Golf and Life

Tao Learning from Golf

Also by Jong Up Kim, Ph.D.

Doran Doran Tao Story

An Evolving Mind

Freedom from Cancer

You can find information at www.donanuri.org

http://cafe.daum.net/donanury

Golf and Life

Tao Learning from Golf

Jong Up Kim, Ph.D.

We want to hear from you. Please send your comments about this book to us in care of up4983@hanmail.net.
Thank you.

Golf and Life:
Tao Learning from Golf

ISBN-13: 978-1-944290-08-5
ISBN-10: 1944290087

*I dedicate this book
to the readers*

and

*to becoming a light to brighten the world
among the darkness
of humanity.*

CONTENTS

Preface

주간동아에 장장 1 년 여 동안 연재된 인기칼럼,

A popular column that has been published for over a year on the weekly Donga in South Korea,

도사가 쓰는 골프와 인생의 백미,

The highlight of Life and Golf written by the Enlightened one,

신선놀음의 내재된 철학을 배우는 지침서.

A guide to learning the intrinsic philosophy of an enlightened one's playing.

Golf is a game where one experiences birth and death on the ground. Life is created when the ball is placed on the tee. The life that is born rushes toward one purpose. Towards the hole. We call it a grave, but it is also a reincarnation, the preparation for the next tee shot. There is no need to be afraid of death in life because birth rushes to the hole of death, but the next life is always ready. Experience this principle through golf. Your attitude toward life will be changed.

골프는 탄생과 죽음을 땅에서 경험하는 놀이이다. 티샷에 공을 올려놓는 순간 생명이 창조된다. 탄생된 생명은 하나의 목적을 향해 달려간다. 구멍을 향해. 우리는 이를 무덤이라 부르지만 이는 반드시 환생, 즉 다음 티샷을 위한 준비이기도 하다. 탄생된 생명이 죽음이라는 홀컵을 향해 달려가지만 다음 생이 반드시 준비되어 있는 관계로 인생에서 죽음을 두려워 할 필요가 없다. 골프를 통해 이 법칙을 음미하여 보라. 생을 대하는 당신의 태도가 달라질 것이다.

골프 선수도 아니고 칼럼니스트도 아닌 내가 골프에 대해 이런 저런 이야기를 썼습니다. 스포츠에 대해 이론적 공부가 있었던 것도 아닌 내가 이런 글을 쓴다는 것은 일견 꼴불견으로 보일지 모르지만, 인간과 몸 쓰임에 대해서는 감히 말 할 수 있다는 자격으로 썼습니다. 인간에 대한 연구가 거의 30 여년 동안 진행해 왔기 때문입니다.

나는 언제나 끝을 향해 달립니다. 모든 시작은 하나의 생각으로부터 출발하지만 끝은 언제나 한결같습니다. 지나온 여정을 기억 속에 묻은 체, 조용히 홀을 향해 나를 내려놓는 과정을 거칩니다. 그 여정, 그 길을 인생에서는 삶이라고 하고 골프에서는 타수라고 합니다. 내 삶을 어떻게 살았건 마지막에는 기억만이 남고 골프에서는 스코어 카드가 남습니다.

남아있는 기억이 한이 되면, 죽음에 이른 나는 끈 조차 내려놓지 못하고 귀신이 되어 방황합니다. 다른 몸을 받기위해 이곳저곳을 전전하며 후손의 몸 근처를 노닐다 어느 순간이 오면 다시 유전 형질을 빌려 이 땅에 태어납니다. 그리고는 과거의 생에서 맺힌 한을 풀기위해 비슷한 여정을 밟아가며 인생의 드라마를 꾸려 갑니다. 매 순간 선택의 결심을 이루어 또 하나의 스코어 카드를 기록하며 이번 생의 여정을 밟아 가는데,

이걸 인도에서는 아콰식 레코드라고 하였습니다. 매 순간의 선택을 결정짓는 마음의 기준표, 이상하게도 한 방향으로만 밟아가는 인생의 기록을 그렇게 불렀습니다.

처음 골프를 시작할 때만 하여도 이러한 철학적이고 심오한 인생과 골프의 세계를 잘 몰랐습니다. 단지 삶의 여정에서 기록해 나가는 내 인생과 골프의 타수는 언제나 불만과 아쉬움의 연속이었습니다. 한 라운드를 돌고나면 다음 라운드를 기대하며 진화된 내 실력을 상상하곤 했습니다. 진화를 위해 연습장과 필드를 번갈아 가며 몸과 마음의 영역을 하나로 합하기 위한 노력을 게을리 하지 않았습니다. 어느덧 싱글로 진입하고 언더파를 칠 때쯤 제 특기이자 취미인 수련의 세계가 함께 성장하는 묘미를 느꼈습니다.

인간의 내면세계인 의식의 영역을 탐구하기 위해 몸이라는 도구를 살펴 보기 시작했을 때, 내공이라 불리는 에너지의 영역이 외공이라 불리는 인체

운동역학과 하나임을 알았습니다. 결국 몸의 쓰임새는 내 생각이라 불리는 의식의 주인이 유도하는 대로 따라간다는 평범한 진리가 확신으로 다가왔습니다. 소위 말하는 신비체험, 종교적으로 말하자면 신앙 간증 형식의 여러 가지 체험이 있고 난 다음에 골프의 회전운동과 집중력의 내공이 이해되기 시작했습니다. 이해가 알음알이로 다가오고 확신으로 왔을 때 골프타수가 순간적으로 싱글로 진입하였습니다. 2차 방정식의 곡선 형태로 천천히 실력이 올라가는 것이 아니라, 계단식으로 껑충 뛰어 진화하는 것이었습니다. 마치 물이 끓을 때 어느 순간에 기포가 생겨 부글부글 끓듯이....

저는 골프선수가 아닙니다. 더하여 자타가 인정하는 골프의 고수도 더더욱 아닙니다. 다만 동네 수준에서 노니는 친구들이 잘 친다 하여 붙여준 별명이 김도사올습니다. 그런데도 제가 골프 구라를 열심히 칠 수 있었던 것은 그 안에 내재된 철학이 제 전공인

수련과 수행의 철학과 똑 같기 때문이었습니다. 수련철학이 뭐 대단한 것이 아닙니다만, 인간을 이해하고 인생을 논하며 자연과 합일되는 내 인식의 전환을 말하는 것으로는 대단합니다. 거기서 한 단계만 더 올라가면 내 존재의 뿌리가 보이고 삶의 목적과 방법이 이해되며 죽음이 행복이라는 확신이 오기 때문이거든요. 최소한 저는 이런 내용을 경험해 보았기에 자신있게 구라를 칠 수 있었습니다.

구라가 뭔지는 압니다. 일본의 검다라는 단어, 구라이에서 유래되었다고 하지만 개념상으로는 있는 사실을 철학적 의미로 포장하여 전달해 주는 말이라는 뜻입니다. 없는 사실을 포장한 말은 거짓말, 또는 뻥이라고 하지요. 저는 최소한 있는 사실을 포장하였기에 구라라고 합니다. 골프의 구라는 철학적 사실들을 먼저 알고 기술적 완성을 높여가는 제 진화론적 관점에서 쓴 말들입니다. 원리를 알고 기술을 습득하면 진화가 가속도가 붙더라는 경험칙은 인생과 골프가 완전히 하나라는 사실을 더 확신시켜 주었습니다. 골프장이 필드라는 영어로 불리는 것은 두가지 뜻이 함께함을 알았습니다. 모든 물질은 자기 자신의 몸을 필드라는 하나의 빛 발광체가 감싸고 있다라는 사실이 그 하나이고, 넓게 펼쳐진 들판이라는 사실이 그 둘입니다. 그런데 수련을 통해 바라본 보이지 않는 세계의 또다른 진실은 그 둘이 하나이면서 둘이라는 묘한 진리를 깨닫게 되었습니다. 즉 한단계만 더 차원을 달리해서 보면 모든 존재는 빛의 발광체 속에 사는 다른 드러냄의 모습만 있다는 사실입니다. 네명이 라운딩을 하면 타수 차이는 있을지언정 행하는 행위는 다 같고, 그 방법에 있어서 고유의 주체성이 내재되어 선택과 힘의 배분을 한다는 사실말입니다.

인간이 태어남도 자신의 선택으로 이 세상에 나왔다는 사실을 알았을 때는 제 자신이 하늘이라는 사실을 완전히 깨달았습니다. 우리네 젊은이들이 부모님에게 푸념하는 말 중에 가장 심한 말이 왜 나를 낳으셨나요입니다. 저쪽 세상을 모르니까 부모가 나를 낳았다고 하는 무지의 말인데, 자신을 움직이는 핵심이 생각이요, 이 생각의 하인이 몸이라는 단순구도를 모르기 때문입니다. 몸과 생각을 연결시켜주는 빛의 자기장이 기(氣)라는 일반용어로 불립니다만, 공간을 형성하는 기가 있는 반면에 빛의 원질을 뜻하는 기도 있습니다. 대기, 공기, 기압 하는 것은 외부의 기지만 기분, 오기, 용기 하는 것은 내 자신의 빛의 원질을 뜻하는 용어입니다. 이 원질, 선택의 무한성과 창조의 무한성을 가지는 이 원질의 상위 빛이야말로 내 자신의 본성입니다. 이 본성이 같은 주파수의 파동을 가지는 빛과 동조할 때 나는 탄생이라는 선택을 하게 됩니다. 동조가 무엇이냐구요? 쉽게 말하자면 남녀가 극한의 기분상태를 가질 때, 즉 기의 분산이 주변과 완전히 동화할 때를 동조라고 하지만 더 쉽게 말하면 오르가즘 상태를 말하는 것입니다. 교접 전 기의 분산을 뜻하는 전희가 오래 지속될 때 내 본성인 빛의 원질은 물질 육체속으로 들어가기 위한 준비를 하고, 극한

오르가즘상태가 되면 내 본성은 부모의 유전 형질 속으로 녹아 들어갑니다. 거기서 나라는 자기장이 형성되고 이 자기장이 힘을 가하여 세포분열을 합니다. 내 탄생의 근본이 이렇게 진행된다는 사실만 알면 세상살이의 모든 행위가 나를 중심으로 돌아간다는 평범한 진리가 확신으로 다가오게 됩니다.

이렇게 탄생한 나는 인생이라는 연극무대에서 나를 드러내기 위해 온갖 선택을 하며 살아갑니다. 음식과 의복은 물론이고 직업과 배우자, 가치관까지 선택하며 스스로의 길을 갑니다. 무엇을 선택하느냐? 펼쳐진 필드에서 드러난 수많은 현상 중에서 나한테 맞는, 아니 내가 원하는 하나를 선택하여 길을 만듭니다. 마치 골프장의 필드가 별별 요소를 다 가지고 있어도 내가 원하는 길은 오직 하나, 구멍을 향한다는 사실이듯이 말입니다. 이 역시 무덤, 즉 구멍으로 들어가는 죽음의 길을 향하는 내 인생과 하등 차이나는 것이 아니죠. 아무리 헤저드가 있고 벙커가 있어도 이걸 헤치지 않으면 무덤으로 향하지 못합니다. 인생이 아무리 힘들어도 결국은 죽음으로 향한다는 이 평범한 진리는 결국 무엇을 위해? 라는 원초적 질문과 부닥칩니다. 제 대답은 경험을 통한 기억의 재료쌓기라는 라는 것으로 화두를 던집니다. 아무리 고난의 행군 시절을 겪어도 죽음이라는 대 명제 위에서 그 사실을 바라보면 경험 쌓기 이외에는 아무것도 아니라는 결론이 나오거든요. 그 경험이 기초가 되어 다음 생에서는 더 나은 지혜의 경험이 기다립니다. 마치 골프에서 스코어 카드는 내 18 홀 모든 경험의 기록이듯이.....

이 기록의 집합체가 내 영혼의 기질을 결정짓습니다. 이번 생에서의 기록이 한과 눈물로 점철되었다면 다음 생에서는 조금 발전합니다. 하나의 한이 사라지고 해원을 하면 더 이상 다음 경험이 필요가 없어집니다. 지금의 생에서는 지루하다고 느끼는 모든 행위가 이 경험을 통해 지혜를 얻었다고 판단하는 내면의 본성이 그렇게 느껴지도록 하는 것입니다. 스코어 카드에 이븐파를 기록하고 나면 내 골프에서 하나의 획을 그었다고 스스로 만족하는 본질, 이것이 다음 라운드에서는 언더파를 목표로 하는 또다른 경험칙을 원하게 되지요. 바로 이것이 신이 가진 속성, 즉 창조를 원하는 마음은 언제나 끝이 없고, 인간의 마음속에는 욕심이 한이 없다는 말로서 통용되기도 합니다. 결국 사람이나 신이나 그 속성은 창조의 경험을 통해 내 스스로를 진화시킨다는 하나의 명제만 남게 됩니다.

제가 수련을 통해서나 골프를 통해서나 체득하게 된 진리는 이것입니다. 내가 바로 하늘이다. 나는 무엇이든지 할 수 있고 어떤 것이든지 할 수 있는 창조성을 가진 실체, 그 자체가 나이다 라는 사실입니다. 무와 허, 공이 아무것도 아닌 것이 아니라, 그 무엇이든지 할 수 있는 가능성을 지닌 무, 그 어떤 현상도 창조할 수 있는 허, 비어 있어도 채움의 모든 것을 보유하고 있는 공, 이 모든 것이 나의 근본이고 본성이라는 사실입니다. 백돌이든 언더파든 어떤 스코어도 내가 원하면 가능하다는 사실은 내 스스로가 하늘이라는 사실 이외에는 아무것도 아닙니다. 가난하게 살건 부자로 살건 내 무의식의 하늘이 만든 스스로의 선택이라는 사실,
인생이 하늘의 드러냄이라는 진리를 알게 되었습니다.

부족한 글을 실어준 신동아 조성식 기자님께 감사드리고 편집을 위해 애써 준 애제자 김승현 양에게 고마움을 전합니다.

Jong up Kim, Ph.D.
Janauay 23, 2017

Introduction to Jong Up Kim

Dr. Kim Jong Up was born in 1956 in Changwon, Gyeongsangnam-do, South Korea. He graduated from Masan High School and the Korea Military Academy and he was discharged as a colonel after 29 years of military service. He's been training with nature to reach enlightenment throughout his military service and after his military life. After experiencing the mysteries of the universe, the military uniform was changed into a training uniform, and he lives in the joy of spreading the Tao tradition to as many people as possible and maintaining a daily practice of the Tao. Playing golf began as a tool of training for the Tao and his handy is 5. However, golfing for the purpose of training for the Tao is recorded in as a pro. And golfing would be adored as a part of training and practice but not as a finite play of those who glorify life and golf. Currently, he is the representative of the group Do-na-nurie (Sharing Tao) and gives advice to anyone who wants to train with him. His books include Doran Doran Tao story, An Evolving Mind, and Freedom from Cancer. This book is a compilation of nine months of his columns in the weekly Dong-A newspaper.

1956 년 경남 창원에서 태어났다. 마산고와 육사를 거쳐 대령으로 예편하였으며 군 생활 내내 수련과 도닦음으로 자연과 함께 하였다. 득도의 신비체험을 한 후, 군복을 도복으로 갈아입고 오로지 수련의 일상화와 후학들에게 도를 전파하는 재미로 살고 있다. 골프는 수행의 도구로서 시작하였으며 핸디는 5 이다. 하지만 수행의 목적으로 치는 골프는 이븐으로 기록한다. 인생과 골프, 수련과 수행으로서의 골프를 예찬하며 있는 자들의 유한 놀이로서는 예찬하지 아니한다. 현재 도나누리라는 단체의 대표로 있으며 수행을 원하는 누구에게나 방편을 전수하고 있다. 저서로서는 도란도란 도 이야기, 진화하는 맘, 암으로부터 얻은 자유 등이 있으며 이 책은 주간동아에 9 개월 동안 쓴 칼럼을 모아 내었다.

Notes

이 책은 국내 기 박사 1 호인 김 종업 박사가 쓴
골프칼럼 모음집 1 이다.
This is a Korean collection of golf columns written by Kim
Jong Up, Ph.D. Please be aware that the book contains
slangs in Korean.

You can find information at www.donanuri.org,
http://cafe.daum.net/donanury

Golfers are Enlightened Ones, Tao Golf, Taoist Hermit Golf 골퍼는 신선이다, 도 골프 신선 골프

2012.09.24

단순한 기술적 놀이가 골프는 아닙니다.

자연과 하나되는 자신과의 대화,

신선골프의 경지입니다.

내가 공에 생명을 부여했다. 골퍼는 신선
I gave life to the ball.

나는 수행자다. 몸만으로 수행하는 기공수련자도, 마음만으로 생각을 붙잡는 불도인(佛道人)도 아니다. 단어를 골라 쓰며 느낌, 감각을 표현하는 철학자도 아니다. 그저 생각 너머의 생각, 느낌 너머의 감각을 찾아가는 의식 초월 탐구여행 구도자일 뿐이다. 구도(求道)를 하다 보니 골프가 구도의 훌륭한 수단임을 알게 됐다.

구도하는 사람은 길을 찾는 사람이다. 물리적 길이 아닌 마음의 회로를 찾아 그 쓰임새와 용도를 확인하고, 단단하게 굳어진 길 외에 정글 속 무한한 미개척지를 길로 바꾸는 노릇을 하기도 한다. 자신이 찾은 길을 알려줘야

후학이 헤매지 않기 때문이다.

구도의 회로를 찾는 데는 도구가 필요하다. 물리적 길에는 정글도(刀)가 필요하지만 마음의 길을 찾는 데는 몸의 경험이 그 도구다. 몸 쓰임새를 통해 세포에 기록된 기억이라는 이름의 도구가 그것이다. 몸의 경험은 여러 가지가 있지만 대부분의 사람들은 도가 아닌 돈, 생존을 위한 먹이활동, 짝을 찾는 도구로 쓰고 있다. 목적성과 방향성 모두 몸의 쓰임을 통한 경험이 필요하기에 나 스스로가 만든 놀이의 저장이 곧 기억이다. 그 기억이라는 도구를 통해 삶의 방향을 찾고 영혼 확장 재료를 얻는다.

도구 외의 수단으로는 하늘과 땅과 사람과의 관계를 통해 지혜를 가지는 것이 중간 단계다. 지식이나 지성이 아닌 지혜를 얻는 활동, 이것이 수단이다. 옛 선인(仙人)은 산에서 살며 자연과의 하나 됨을 활동수단으로 삼았기에 산에 머물렀다. 사람(人)과 산(山)이 결합한 용어가 선(仙)이다. 선인은 신(神)이 되기 위한 중간 단계다. 요즘 나는 선인이 되고 싶은 사람에게 산으로 가라는 말 대신 골프를 하라고 말한다. 몸의 한계를 알아야 무한대 의식을 가진 신에 접근할 수 있는데, 그러려면 의식과 육체의 경계를 경험하는 놀이가 필요하기 때문이다. 그래서

사람과의 관계를 끝내고 자연과의 관계를 구도 수단으로
삼아 놀아보라고 하는 것이다.

나도 어느 순간 두뇌 회로가 열렸을 때 인간관계를 끝내고
산으로 가고 싶었다. 보이지 않는 세계의 오묘한 조화가
현존하는 물질세계를 만들어내는 뿌리임을 알았을 때
먹이와 짝을 찾고 보존하는 삶의 여정이 다 끝났음을
알았다. 이제부터는 존재하는 모든 놀이를 내 것으로 삼아
선인에서 신선으로 올라가는 여정만이 존재함을 알았다.
어떤 놀이를 즐길 것인가. 내가 만든 이 세계를 경험하는
데 어떤 도구와 수단이 필요한가라는 내면의 물음은 나를
자연스럽게 골프로 인도했다. 남들처럼 사업상, 자기
과시용이나 재미용이 아니라 의식과 육체의 관계를
시시때때로 점검할 수 있고 나 자신이 신임을
확신시켜주는 놀이가 골프였기 때문이다.

그동안 살면서 나는 다른 존재에게 생명을 부여한 적이
있는가. 생명 그 자체를 탄생시켜본 적이 있는가. 골프를
생명으로 접근해봤을 때 그 답을 찾을 수 있었다. 내가
공에게 생명을 부여하는 순간, 나는 신이면서 동시에
선인임을 알 수 있었다.

티 위에 공을 올려놓는 순간 그 공은 생명을 가진다. 어느 누구도 간섭할 수 없고 손대서는 안 된다. 공 자체가 생명을 가지고 땅에서 흘러가는 것이다. 돌과 나무, 물과 풀을 있는 그대로 인정하면서 그 속에서 존재감을 가지는 것이다. 자신이 부여한 생명이 하늘 높이 솟구쳤다가 다시 생명을 영위하려고 땅으로 회귀하는 모습, 다시 땅에서 적당히 날아올라 본래의 자리로 돌아가려고 안착하는 모습을 봤을 때 내가 창조주임을 알 수 있었다. 무덤자리인 그린에 조용히 앉아 땅속으로 들어가기 위해 신이 건드려주기를 기다리는 생명의 모습이 바로 내가 창조한 공이다. 생명이 신만의 영역, 신만이 할 수 있는 기능이라고 오해하지만 사실 인간인 나는 그 모든 존재를 탄생시킨 주역이었다.

신의 고유한 기능인 창조와 유지, 파괴의 속성이 다른 식으로 표현된다. 투쟁과 경쟁, 시기와 질투를 통해 삶의 경험을 배우는 나는 작대기를 통해 파괴 본능을 경험한다. 공이라는 존재를 유지시키기 위해 힘껏 하늘로 보낸다. 파괴의 끝을 경험하기 위해 나 스스로를 죽음이라는 무의 공간에 가두는 대신 홀컵이라는 저장 공간을 만들었다. 마지막 저장 공간인 홀컵에 떨어지는 소리를 통해 신의 속성인 창조와 유지, 파괴의 마지막을 경험할 수 있었다.

내가 바로 창조자인 신이라는 것을 확인시켜주는 행위였다.

이러한 경지에 오르기까지 어떤 과정을 거쳤는가. 백돌이 시절에는 고통을 배웠다. 무언가 자연과 대화하는 느낌이지만 그로부터 헐떡임과 산란함만 배웠다.

90 돌이 시절에는 술(術)을 배웠다. 기술, 무술, 예술 하는 그 술법은 팔과 어깨로 치고 머리를 쓰지 않았다. 의식의 진동수를 쓰는 것이 아닌, 만들어진 도구만 이용하다가 스스로의 주체타법을 알 때쯤에야 자신만의 술이 생겼다.

80 대를 칠 때는 환희와 즐거움을 알았다. 못 친 순간을 기억하는 것이 아니라 잘 친 순간만 기억한 것이다. 고통과 즐거움이 곧 존재를 확인하는 진동수의 높낮이라는 사실을 알았을 때 비로소 선인의 문턱에 진입하게 됐다.

70 대를 칠 때쯤 자연을 이해했다. 스스로 존재하는 모든 것, 모든 존재는 자신을 나타내려고 이 땅에 있다는 사실을 알았다. 그제야 겸손을 배우고 배려를 익히고 경외심을 가질 수 있었다. 이 과정이 끝나서야 신인(神人)으로 들어가는 문고리를 잡은 것을 알았다.

한두 번 언더파를 칠 때쯤 즐김의 미학, 느림의 아름다움, 정지의 고요함을 깨닫는다. 비로소 신임과 동시에 자연인이고 사람임을 고마워하는 수준이 된 것이다.

입문자는 중생이다. 선인 준비과정에 있는 사람이다. 유식하게 말해 중생이지, 다른 말은 짐승이다. 짐승의 과정을 벗어나야 선인이 된다. 선인이 돼야 신이 된다. 신이 돼야 존재하는 모든 것에 이롭게 행동할 줄 안다. 풀잎 하나, 물 한 방울도 있는 그대로 존중한다. 바람과 햇빛을 소유하지 않는다. 동반자도 나와 같은 신이라는 의식이 몸에 기록돼 나같이 대우한다. 남이 또 다른 나라는 사실을 믿어 의심치 않는다.

골퍼는 신선이다. 당신은 중생인가, 선인인가, 아니면 신선인가.

Chi (Ki) Golf, Mental Golf 기 골프, 멘탈 골프

쉬운 말 놔두고 어려운 말 쓰는 게 대세다. 멘탈, 힐링, 메디테이션.... 그냥 정신, 치유, 명상 하면 될 것을 왜 그리 유식한 척하는지 모르겠다. 영어 몇 개 아는 게 자기 품격을 고귀하게 만든다고 여겨서 그럴 것이다. 골프 용어도 그런 게 많다. 기 골프, 멘탈 골프, 마음 골프....

필자는 기(氣) 전공자다. 국내 최초로 기를 주제로 박사학위를 받았다. 말로 '썰(說)'을 푼 게 아니라 체험을 먼저 하고 이론을 공부한 사람이다. 그래서 기차다, 기막혀, 기절, 기진맥진, 용기, 패기, 분위기 따위의 말이 어디에서 나왔고 어떻게 쓰이는지를 안다. 멘탈을

8

우리말로 하면 바로 기다.

기는 좁게는 사람 감정과 생각을 가리키고, 크게는 우주와 존재를 총칭하는 말이다. 기상(氣象), 기후(氣候) 등 날씨를 설명하는 말에서 기는 하늘의 기이고 기질(氣質), 수기(水氣), 목기(木氣) 할 때의 기는 땅의 기운을 가리킨다. 사람의 감정 상태를 가리키는 말로는 기분(氣分), 용기(勇氣), 오기(傲氣)가 있다. 집단의 감정이나 생각 상태를 뜻할 때는 군기(軍氣), 사기(士氣)라고 표현하는 바, 존재하는 모든 것을 설명할 때는 기라는 말을 쓴다. 기 골프라는 용어를 사용하려면 개념부터 잘 알고 쓰야 무식이 드러나지 않는다.

멘탈이나 기라는 용어가 어디 골프에만 통용되랴. 인간사 모든 일이 멘탈 아닌 게 어디 있으며, 기 아닌 게 어디 있으랴. 하지만 골프에 국한해서 정신이 어떻게 육체와 결합해 생로병사와 고수(高手), 하수(下手)를 구분하는지를 안다면 최소한 당신은 신선이 될 자격이 있다. 짐승이 아닌 사람 자격은 동시에 보유한다. 몸의 주인이 정신이라는 사실은 이미 스스로 경험하고 있을 것이다. 슬픈 감정은 눈물이 나게 하고, 신 음식은 상상만 해도 입에 침이 고이게 만든다. 감정이 육체에 변화를 주는 주인이라는 것은 어떤 철학자나 선각자든 하나같이 주장하는 바다. '일체유심조(一切唯心造)'라는 말이나 '생각한다, 고로 존재한다'라는 말이나...

이를 요즘 사람이 알기 쉽게 분석적으로 설명하면 골프가 왜 다른 운동보다 감정이 작용하는 운동인지를 이해할 수 있다. 즉 뇌 작용이 어떻게 근육에 기억되는지, 그 기억이 어떻게 신경에 작용하는지, 신경에 작용한 기억이 어떻게 외부운동을 일으키는지를 알면 멘탈 골프나 기 골프라는 말도 이해된다. 이에 더해 인생의 모든 현상, 즉 돈을 잘 벌고 못 버는 것이나, 나는 왜 이리 고생하는 팔자로 살아갈까 하는 팔자타령도 이해할 수 있다. 인간사 모든 일, 그리고 골프라는 운동의 고수와 하수도 나 자신의 생각에 따른 선택적 결과라는 사실을.

생각이 떠오르면 파동이 돼 온몸으로 전파된다. 파동, 즉 떨림이라는 진동수는 나름의 성질이 있어 주파수 대역을 지닌다. 고급 진동수는 밀도가 높아 세포 진동수를 확장하는 성질이 있고, 저급 진동수는 밀도가 낮아 세포 진동수를 굳어지게 만드는 성질이 있다.

다른 말로 하면 사랑과 자비, 허용, 용서 같은 생각은 고급 진동수고 불평과 분노, 짜증, 걱정은 저급 진동수다. 이 진동은 세포에 기억돼 몸의 아주 작은 분야에서도 다시 반응한다. 분노가 끊임없이 분노를 유발하고 사랑도 지속적으로 일어나는 이치가 여기에 있다. 돈을 잘 버는 사람은 돈의 길이 세포에서 반응하고, 골프를 잘 치는 사람은 샷의 요령이 기억 속에서 지속적으로 반응하는 것이다. 즉, 나 자신의 생각 진동수를 높여 지속적으로 유지하는 사람은 매사가 그리 되도록 스스로 진동을 그쪽으로 유도할 수 있다. 머피의 법칙이나 플라세보 효과 등 마음의 법칙을 설명하는 학문적 실험과 선각자의 외침은 언제나 진리다. 다만 그 진리를 스스로가 확신해 운용할 줄 아느냐 모르느냐의 차이가 인생에서든 골프에서든 고수와 하수의 차이를 낳는다.

사업 목적이나 좋은 인간관계를 형성하겠다는 목적으로 골프를 친다면 이유 불문하고 내기를 세게 해보라. 그리고 실력 있는 고수라면 상대방의 돈을 무자비하게 따보라. 상대방은 반드시 인간성을 드러내게 돼 있다. 인간이 창조한 물질 가운데 본성을 드러내는 매개체로서 돈 만한 것이 없다. 한껏 잃은 사람은 스스로의 샷에 저 혼자 성질을 낸다. 그 분노는 세포에 저장돼 또 다른 미스 샷을 유발한다. 그래서 스스로 무너지고 상대방에게 맨 얼굴을 드러내는 것이다.

당연히 그 사람의 모든 것을 알 수 있다. 세포 진동수가 마음의 진동이 되고 이어 인격의 진동수가 되어 인간의 급수를 설정하는 것이다. 같이 일을 도모할 사람인지 아닌지 하는 기준이 되니, 접대용보다 인격을 보여주는 골프를 치길 권한다.

참고로 고수와 하수의 언어적 설명을 보태면 더 쉽게 이해할 수 있을 것이다. 고수는 손이 높은 데 있다는 뜻이다. 하수는 당연히 손이 낮은 데 있다. 위치상으로는 인체의 아랫배 쪽이 하수고 머리 쪽이 고수다. 수련자가 사용하는 용어인데 건강, 즉 몸 위주로 수련하는 사람은 양손이 아랫배에 가 있다. 해탈한 사람의 손은 머리 쪽에 가 있다. 절간의 부처상 중에서도 양손이 아랫배에 가 있는 상은 하수다. 힌두교 시바 신의 양손은 머리 쪽에 있다. 당연히 고수다.

고수는 아래에서 위로 올라가는 절차를 따른다. 절차 없이 머리에서 아래로 내려오면 환청과 환시에 시달리거나 무병(巫病), 즉 무당이 되는 병에 걸린다. 모든 인체의 작용과 건강, 신선이 되는 길의 요체는 하수에서 고수로 올라가는 절차에 있다. 양손을 어떻게 쓰는지를 보면서....

골프에서 백스윙과 다운스윙, 업스윙은 이러한 신선술의 묘미를 보여준다. 이 모든 것을 하나의 원리로 이해하고 스스로 마음을 점검하는 수단으로서 골프를 음미해보라. 하체부터 준비되고 하체 움직임이 아랫배, 즉 허리의 내공을 발현하는가. 이어 아랫배의 보이지 않는 힘이 어깨로 올라가 어깨 회전이 양손을 자연스럽게 올려주는가. 올라간 손이 머리를 확실히 고정시켜 고수, 즉 높은 손의 위치를 인정하는가. 다운스윙 때 높이 올라간 손, 즉 고수가 돼 천하를 쓰다듬듯이 내려오는가. 하수일 때 원점 위치에 되돌려져 내공이 완전히 내려앉는가.

스윙 원리나 조화의 원리, 하나 됨의 원리는 자신이 한 동작에서 모든 진리를 품는다. 천지창조의 원리와 삶의 원리, 죽음의 미학이 어우러진 철학이다. 나라는 존재가 만들어내고 점검하며 확인하는 과정을 거쳐 원래 자리로 회귀하고자 하는 무의식의 춤이다. 진동하는 우주의 또 다른 표현이며 율려운동의 극치다. 어찌 즐겁지 아니한가.

이것이 멘탈이다.

이것이 기다.

당신은 고수인가 하수인가.

When you concentrate, feel the world of high sensitivity
집중하면 느낀다, 그 에너지 고감도의 세계

2012.10.15 858 호

요즘 프로야구가 한창 인기다. 중계방송을 보고 있노라면 해설자의 한결같은 소리. "타격감이 많이 떨어졌네." "투수들이 피칭 감각을 빨리 되찾아야겠네." 골프 경기를 중계할 때도 어김없이 '감(感)'이라는 말이 나온다. "퍼팅감이 아주 좋네." "샷 감각을 회복해야겠네."

정상급 선수에게 '감'이라는 말이 왜 그리 중요할까. 자신만의 느낌세계를 다른 용어로 표현하기엔 뭔가 어설퍼서 그렇다. 다른 사람은 알 수 없고 오로지 자신만의 느낌 고강도의 세계, 바로 감이다. 느낌이다. 그리고 마음의 눈이다. 세포들의 진동 속에 감춰진 외부 물질과의 교감, 자기 두뇌에 새겨진 회로, 습관화된 내면의 기억. 이런 것이 감이란 말로 총칭된다.

몸을 사용하지만 눈이나 코, 귀나 입을 통해 느끼는 감이 아니라, 뭔가 존재는 하되 저차원 물질이 아닌 고차원의 세계, 과학이라는 이름으로 증명하기는 어렵지만 반드시 존재하는 그 무엇. 그래서 뇌과학 연구의 세계적인 석학 이나스는 인간의 의식이 무엇이냐에 대한 답으로 '감'을 말한다. 운동 방향성이 습관화돼 내면에 기억이란 이름으로 저장된 것이 감이고 감각이라고. 이는 곧 두뇌가 기억하는 모든 것은 습관화돼 몸을 그리로 유도한다는 표현과 동일하다. 그 감을 찾는 방법이 지독한 연습임은 말해 무엇하랴.

미국과 캐나다의 올림픽 출전 선수들이 육체적인 훈련 못지않게 중요하게 생각하는 것이 상상훈련이다. 바로 이미지 트레이닝인데, 하나의 목표를 위해 휴식시간에 조용히 앉아 상황을 머릿속으로 그려보고 시합 사이의 긴장감을 즐기는 훈련이다.

생각이 뇌회로 속에 입력되도록 현상계의 느낌과 상황을 그대로 묘사하는 것이 1 단계고, 시간과 공간을 그대로 재현하는 것이 2 단계다. 특히 시간 재현 상상에 노력을 많이 기울이는 이유는 생각의 속도가 엄청 빠르기 때문인데, '순간이 곧 영원이고 영원이 곧 순간'이라는 신의 속성을 이 훈련을 통해 체험한다.

축구선수가 슛 동작을 상상하면 힘과 속도, 발에 공이 맞는 순간의 느낌, 골대로 빨려가는 공의 속도까지 상상하게 되는데, 이때 생각의 속도는 실제보다 엄청 빠르다. 슛과 동시에 골인이고 골인과 동시에 슛이다. 슬로비디오 속도와 생각의 속도는 엄청나다. 그래서 실제 상황에서 있는 그대로의 시간을 만들어내는 상상력, 이것이 이미지 트레이닝의 핵심이다. 이 느낌 고강도의 상상력 훈련을 제대로 실천하는 선수는 평상시 육체를 이용한 훈련보다 64%나 더 경기력 향상 효과를 보인다고 한다. 서구적 분석학문이 증명하는 동양적 심상화(心想化) 수련의 보편적 상식이다. 바로 느낌, 감의 세계를 훈련하는 올바른 방법이다.

어떤 스포츠나 놀이든 인간이 추구하는 궁극의 목표는 감의 극대화다. 고감도의 세계를 추구한다. 직업? 생존 다음의 목표는 무엇인가. 자기완성이다. 자기완성이란 무엇인가. 시공간을 초월한 생사해탈이다. 몸을 갖고 있으면서 시공간을 해탈하는 방법은 무엇인가. 놀이다. 아무것도 없음의 세계, 모든 것을 창조할 수 있는 없음의 세계를 경험하는 것이 해탈이고, 구원이자 심판이다.

무한한 의식의 에너지가 아무런 느낌 없이 흘러 다닐 때 우리는 그것을 절대의식이라고 부른다. 그냥 공상의 세계, 에너지 없는 생각의 강이다. 하지만 의식이 어떤 의지를 가질 때 우리는 무의식이라고 부른다. 의식 너머의 세계지만 창조의 에너지를 품고 그 방향으로 생각의 강이 흘러가게 하는 것이다. 흐르는 생각의 강에 자신의 강한 믿음이 부여되면 그때부터 물질계의 에너지로 변한다.

믿음이라는 에너지의 집중화, 이것이 이미지 트레이닝이다. 수행적 용어로는 심상화 수련이라고 부른다. 마음으로 상을 그리고 그곳에 에너지를 부여하는 것이다. 내가 만들어낸 몸을 원래 상태로 돌아가게 하는 방법이다. 만든 나를 알게 해주면 그때서야 감이 온다. 의식의 집중화를 통한 보이지 않는 세계와의 접속, 이것이 바로 감이다.

골프를 하면서 이러한 감의 세계와 접속해본 적이 있는가. 퍼팅 전에 땡그랑 소리를 미리 들어본 적이 있는가. 아이언 샷을 할 때 날아가는 공이 미리 보인 적이 있는가. 만일 그런 경험을 해봤다면 당신은 무의식의 세계와 접속해본 사람이다. 아니, 의식과 무의식의 경계를 허문 사람이다. 이 경계를 허물 때 당신은 자신이 가진 생각의 경계까지 허물어버린 사람이 된다. 단단한 생각과 편견의 껍데기를 깨어 알기에 깨달은 사람이라고 부른다. 무의식과 절대의식까지 경험하는 사람, 바로 깨어 부수면 접속한다. 강력한 집중과 완전히 놓아버린 생각을 통해서.

어떻게 이러한 느낌 고감도의 세계를 얻는가. 집중을 통해서다. 하나의 생각에 과도하게, 넘치게 집중하면 다른 어떤 것도 느낄 수 없다. 보이지도, 들리지도 않는다. 오로지 하나의 목표, 하나의 생각에 온몸과 생각을 집중하다 보면 원하는 그 하나를 얻게 된다. 이러한 간절함과 집중, 바로 그것만 있으면 어떤 놀이를 하든 추구하는 바를 이룬다.

골프는 이러한 집중을 가능하게 만든다. 목표를 향해, 다른 것은 생각지 말고 오로지 날아가는 공에만, 놓인 공에만 그냥 그대로 넘칠 만큼 집중해보라. 정말 재미있게도 자신이 생각한 그대로 날아간다. 집중한 그대로 홀컵에 빨려 들어간다. 의식의 에너지화가 이뤄지는 것이다.

삶에 있어서도 이 법칙은 재미있는 경험을 동반한다. 매우 간절하게 바라는 사실이 있을 경우, 그리 됐다는 확실한 믿음을 가지면 반드시 그리된다. 겨자씨만큼의 의심도 없이 확신해보라. 그 확신은 자기 삶의 현상계를 그곳으로 유도한다. 의식의 힘이 무척 강력하기에 반드시 그리된다. "구하라, 그러면 얻을 것이다"라는 말은 인간의 말이 아닌 하나님의 말이다.

"믿음이 너를 주의 품으로 인도할 것"이라는 사실도 이런 느낌 고감도의 세계에 대한 앎만 있으면 깨달을 수 있다. 현상계에서 원하는 무엇이든 이룰 수 있는 것이다. 단순한 성공은 노력으로 얻어지지만 고차원 세계는 믿음의 집중, 의식의 에너지화로 얻어진다. 이것이 비결이다. 스스로에게 가해지는 엄청난 집중, 이것이 믿음이라는 확신을 가지면 의식은 에너지가 된다. 이것을 하는 사람은 누구인가. 바로 나 자신이다. 어느 누구도 아닌 바로 나 자신이다.

인간이 가진 느낌은 다섯 개다. 색성향미촉. 눈으로 색을 느끼고 귀로 소리를 들으며 코로 냄새를 맡고 입으로 맛을 느낀다. 그리고 손으로 감촉을 느낀다. 느낌 너머에 있는 것을 육감이라고 부른다. 식스 센스다. 육감 세계는 시공간이 없다. 그냥 그대로 알게 된다.

누군가와 통화하고 싶어 다이얼을 돌리려는 순간 그쪽에서 전화가 걸려오는 경험을 한 적이 있는가. 고도리를 할 때 쌀 것 같다는 느낌을 받았는데 그대로 실현된 적이 있는가. 이미 당신은 육감의 세계를 경험하고 있는 것이다. 그럼 그 감을 현상계의 삶에서 스스로 계발하고 싶은 때가 있는가. 그렇다면 당신은 수행자다. 감각 너머를 탐구하는 구도자다. 그래서 생로병사를 이해하고 삶을 즐길 줄 알게 된다. 차원을 이 삶에서 경험함으로써 죽음 자체를 행복으로 느끼고, 질병이 축복이며 늙음은 구원이라는 확신을 가지게 된다.

계발하라, 느낌 고감도의 세계를. 골프를 통해.

Secret of Number of Golf Course 18 Holes 골프장 18 홀 숫자의 비밀

시작된 하나도 없고 끝난 하나도 없다.

한국 골프장 수가 300 개를 넘는다는 소식이다. 많다느니 넘친다느니 하지만 필자가 보기에는 아직 멀었다. 있는 자들의 유희가 아닌 전 국민의 행복추구권을 위해 한참 더 만들어도 괜찮다는 생각이다. 그래야 가격이 중산층도 즐길 정도가 되고 서민들도 이게 무어야 하는 느낌으로 다가설 수 있기 때문이다. 최소한 국민들의 인식이 부유층의 전유물이 아니라는 보편성을 확립해야만 골프장은 인생 공부의 장소가 된다.

골프장은 왜 18 홀인가? 홀컵은 왜 10.8 센치인가? 왜 9 홀을 두 번 돌아야 하는가? 표준 타수는 왜 72 홀일까? 이름도 하필이면 파(Par)를 표준으로 할까? 4 라는 표준타수가 왜 그럴까? 짧은 홀과 긴 홀은 양념으로만 넣었을까?

골프가 운동인가 아닌가? 스포츠인가 아닌가? 놀이인가 도인가?

필자가 기와 도를 주제로 박사과정을 밟을 때 동기 중에 프로골퍼가 있었다. 지금은 용인의 레이크 힐스 본부장으로 근무 중이며 필자에게 70 대를 치도록 사사한 사부이기도 하다. 그녀와 수업 후에 지속적으로 토론한 내용이 바로 위의 질문이다. 프로임에도 불구하고 철학에 대한 개념적인 답은 없어도 느낌으로는 정확하게 알고 있었다. 언어가 필요 없는 느낌 고감도의 세계를 이미 알고는 있으되 단어로 표현하지 못하는 것이다. 오로지 하나의 목표에만 매달려 치열하게 다가서다 보면 느끼는 것이다. 글로는 전달하지 못하지만 이미 현자의 수준이었다. 그녀는 이런 내용을 글로 표현하기위해,

지식을 위해 학위에 도전한 것이다. 그러고 보면 단어에 얽매인 지식인보다 더 뛰어난 현자가 느낌을 가진 지혜인데, 이를 단어로 표현하다보면 그만 지식인으로 전락한다고 불편해 한다. 그러고 보면 인류가 언어를 가진 것이 만물 영장의 지위를 얻었다고 하지만 다른 한편으로는 존재 그 자체를 인식하는 자연을 잃어버린 것같아 아쉽기도 하다. 집단의 의식은 텔레파시로도 충분히 의사표현이 가능하거늘....이미 도를 잃어버린 것이다. 단순 스포츠의 경쟁종목으로 타락한 것이다.

각설하고 도인의 입장에서 본 골프장의 철학은 단순한 숫자놀음의 장소가 아니다. 우리가 인식하는 그 무엇이든 내가 의미를 부여하면 바로 소중함의 가치가 따른다. 그것도 집단이 의미를 부여하면 도덕이 되고 법이 되어버린다. 결국 우리의 가치는 전체의 가치가 되지만 출발은 언제까지나 내 개인의 가치가 우선시 되는 것이다. 골프장의 가치를 부여하는 숫자의 철학 또한 그러하다. 알면 사랑한다....인생이든 놀이이든 스포츠이든 모르니까 무시하고 모르니까 싸우고 모르니까 좌절한다. 그래서 세상사 모든 일은 무지가 죄이지 죄 그 자체는 없다는 말이 나오는 것이다. 그래서 골프장의 철학도 알고 나면 사랑하게 된다.

자녀가 수학 때문에 고생하는가? 수를 철학적 주제로 재미있게 가르쳐 보라. 다음의 1 부터 9 까지 숫자 놀음만 가르쳐도 분명 수학에 흥미를 가질 것이다. 고대의 현인들이 한 말, "우주는 도가 있어 존재를 존재답게 하였고 그 도를 뒷받침하는 것이 수이다" 라는 말은 진리이다. 우리가 창조된 그 무엇이라면 수는 1 부터 9 까지만 존재한다고 알 것이다. 그러나 내 스스로가 창조주라는 인식이 들고 나서야 제로(0)라는 수가 나타났다. 제로! 이것이 모두이다. 모든 것을 수로서 설명 가능한 이치가 성립된 것이다. 그래서 9 라는 완성의 끝자락이 설명이 되고 시작도 끝도 없는 존재의 무한함도 우리의 인식 속으로 들어오게 된 것이다.

없음, 무, 허, 공의 세계를 기호로 표시한 것이 제로이다. 제로가 스스로를 인식하여 한번 흔들어 보니까 진동이 시작되었다. 이것이 일(1)이다. 하나이다. 시작된 하나이기에 하나님이다. 열심히 흔들다 보니까 가만히 있는 제로와 흔드는 하나가 분리되기 시작했다. 이것이 둘(2)이다. 하나 그 자체이지만 떨리는 하나를 다른 이름으로 부른 것이다. 동양적 설명으로는 하늘이 하나이고 땅이 둘이다. 하늘이 만들었지만 하늘 속에 땅이 있기에 그 둘은 둘이면서도 하나라고 한다. 떨림이 너무 세게 떨리니까 물질이 창조되기 시작했다. 창조된 물질, 이것이 셋(3)이다 . 우리가 인식하는 물질우주의 시작, 이것이 셋이다. 색의 삼원색, 빛의 삼원소, 다 진동하는 우주의 표현 기초이다. 기초를 마구잡이로 섞어보니까 다양한 물질들이 재창조된다. 셋에서 우리 모두가 인식하는 존재가 등장하는 것이다. 그래서 모든 물질은 진동수가 있다. 떨림의 차이...이것이 서로를 감응하여 너는 너고 나는 나라는 인식의 차별화가 시작되었다. 그 차별화의 범위가 방을 가진다. 네모, 즉 사(4)라는 숫자의 원질이다. 공간을 가진다는 것이기에 4 라는 수가 존재하였다. 물질의 차별화가 서로를 감지하고 범위밖에 있어도 알수 있게 조정하는 수가 다섯(5)이다. 조화의 개념, 상호간에 충돌 없이 존재하는 모든 것은 하나의 뿌리임을 알게 해주는 조정자의 수이다. 오행이라는 동양적 사고의 운행수가 바로 이것이다. 조정자가 다시 하나임을 알게 해 주기위해 자신의 이미지에 하나를 더 추가한다. 여섯(6)이다. 분리의 수를 더하니 일곱(7)이고 창조의 또 다른 창조, 삼을 더하니 여덟(8)이다. 모든 창조를 더하는 범위의 틀을 알게 해주는 수, 아홉(9)이 끝이다. 1 부터 4 까지는 형이상학이고 6 부터 9 까지는 형이하학이다. 이 형이상학과 이하학을 다하여 하나는 다시 없음의 수,

제로로 돌아가기에 10 이다. 결국 모든 수는 하나로 시작하여 아홉으로 끝나니, 존재가 자기를 인식하는 철학의 마지막 수가 아홉이다.

골프장은 아홉을 기준으로 한다. 아무리 영국 에딘버러 목장의 놀이가 기초라 하여도 그 속에 내재된 도의 이치가 골프장을 오늘날의 나인 홀 두바퀴로 변형된 것이다. 그래서 첫 번째 나인 홀을 탄생의 세상으로 나아간다고 하여 아웃(out)코스이고 들어오는 회귀성, 원래의 자리로 오는 것이라 하여 두 번째 나인 홀을 인(in)코스라 하는 것이다. 18홀이라 하여 표준이 18홀이 아니고 9라는 수가 기초가 되어 두 바퀴 돌아야 탄생과 죽음의 이치를 아는 것이다. 발음 또한 재미있지 않은가? 우리말로 십팔이다. 완성을 십이라고 하여 거기에 완성을 향해가는 수 8을 더 보탰으니, 남녀 음양교접의 발음으로 탄생과 완성을 나타내었다. 당신이 이 말이 거북하게 들린다면 중생이다. 귀에서 거룩하게 들린다면 신선이다. 왜? 홀컵의 지름이 10점 8센치이다. 십팔 발음을 분리해서 그렇게 만들었기 때문이다. 땡그랑...십팔 구멍속에 떨어지는 소리가 정답지 아니한가?

인생 또한 이 수리철학에서 한 발짝도 벗어나지 아니한다.

없음의 공간, 제로의 공간이 당신의 영혼이다. 창조된 하나의 공간이 모태이고 자궁이다. 어머니의 몸에서 분리되어 나왔으니 둘이고 내 스스로가 창조하는 공간과 합해 셋이다. 삶의 범위가 넷이고 생각과 환경이 모여 다섯이다. 조화롭게 해주는 에너지...오(5)라는 수가 당신 주변의 모든 것이다. 여기에 양 손가락과 발가락 다섯 개가 모든 것을 창조한다. 그 창조 하나하나가 더해져 여섯(6)이고 재창조된 분리의식이 일곱(7)이다. 다섯에 만물의 창조원리 셋을 더하면 팔(8)이니, 당신의 인생경험을 말함이다. 경험이란 것은 스스로를 완전하게 해 나가는 재료일 뿐, 그 재료가 범위를 가지면 아홉이다. 9 로 나타난 모든 경험, 당신의 인생에서 쌓은 경험 모든 것이 아홉이다. 지금까지 살아온 인생 모든 것이 기억이라는 하나의 점 속에 다 녹아있다. 펼치면 인생이고 저장하면 기억이다. 죽음의 순간에 남는 것, 딱하나가 기억이다. 영혼에 기록된 인생경험, 이것을 위해 죽자고 노력하고 인생의 스토리를 써 나가는 것이다. 이 기록의 종이를 아콰식 레코드라고 부른다. 돌아가면 윤회이고 멈추면 저승이다. 골프가 끝나고 기록된 내 핸디의 수...당신의 아콰식 레코드이다. 삶의 끝에서 기록되는 영혼의 재료를 골프가 끝나고 스코어 카드를 바라보며 느껴보라. 내 인생의 기록은 어떻게 쓸 것인가를....

Step Aside, Luck! The Master of Life is Me 운은 비켜라, 삶의 주인은 나

2013.05.27 889 호

부처님 오신 날 공군 성남기지(서울공항)의 골프장에 라운드를 나갔다. 오랜만에 내기를 크게 하는 '의미 있는' 골프라 친구들과 짜릿함을 즐겼다.

그런데 실력이 뛰어나다고 자부하는 친구가 한 명 있었다. 내기를 싫어하는 친구라 뽑기 게임으로 설렁설렁 즐기려니 집중력이 영 안 살았다. 전반 9홀에서 보기를 밥 먹듯이 하자 그 친구가 후반 홀에서 세게 한 번 붙자고 했다. 고수들이 대충 치자 만만하게 보였던 모양이다.

당연히 '조오타' 하고 붙었는데, 자칭 싱글이라고 큰소리치던 이 친구가 내기를 하지 않다가 붙으니 몹시 긴장했던 모양이다. 보기와 더블보기를 번갈아 하면서 지갑이 몽땅 털렸다.

한데, 이 친구가 매 샷마다 실수하면서 내뱉는 말이 오늘 영 재수가 없네, 왜 이리 불운이 겹치느냐 등 실수를 운으로 돌리는 것이다. 지갑에서 돈을 꺼내면서 "이 지갑이 이탈리아산인데 영 재수가 옴 붙었다"며 지갑 핑계, 아이언 핑계, 바람 핑계, 나중에는 캐디 핑계까지 모든 것을 운으로 돌려버렸다. 그 꼴이 미워서 나머지 친구들이 조금도 봐주지 않고 규정대로 게임을 진행해 지갑을 홀랑 털어버렸다. 세 사람이 평균 78타였고 털린 친구가 88타였으니, 어떤 상황인지 대략 짐작할 것이다. 뒤풀이 때 이 친구가 또다시 운 타령을 하자 동반자들이 나에게 요청했다. 실력과 운에 대해 '썰' 좀 풀어주게.

이상하게 운이 좋은 날이 있다. 해저드에 빠질 공인데, 연못 주위 나무를 맞고 페어웨이로 튄다. 티샷이 나무와 숲이 있는 쪽으로 휘었는데 나무를 맞고 세컨드 샷 하기 좋은 지점에 떨어진다. 빗맞은 공이 카터 도로를 따라 열심히 굴러가다 페어웨이로 들어온다. 분명 생크 난

공인데 열심히 굴러가 그린 깃대에 딱 붙는다. 운수 좋은 날이다. 이럴 때 동반자들이 해주는 말. 평소 도덕적으로 살더니 하느님이 보우하시는구나. 인품이 훌륭해 천지자연이 당신과 함께하는구먼. 평소 방정하냐, 아니면 방정 맞느냐 차이인데 당신은 참 방정하구먼.

선택의 습관이 무의식에 저장

반대로 운이 지독히 안 좋은 날도 있다. 잘 맞은 공인데 디봇 자국 깊은 곳에 떨어져 세컨드 샷이 힘들다. 똑바로 날아간 공인데 찾아보니 고라니 똥 속에 놓였다. 해저드 위로 힘차게 날아가다, 마침 그때 공중바람이 심하게 불어 물에 퐁당 빠져버린다. 봄바람이 부는데 내가 칠 때만 강하고 상대가 칠 때는 멎는다. 홀컵에 떨어질 것 같았는데 끝이 살짝 휘어버려 안 들어간다. 공이 이날따라 언덕이나 맨땅에만 놓인다.

친구여, 당신뿐 아니라 대부분의 사람이 경험하는 일이다. 아마추어뿐 아니라 프로도 마찬가지다. 최근 사례만 봐도 김인경 선수의 30cm 퍼트 실수, 태국의 어린 선수 주타누가른(이 선수 이름 참 발음하기 힘들다)의 마지막 홀 불운, 타이거 우즈와 팽팽하게 나가다 순식간에 무너진 가르시아.... 다 불운이다.

하지만 상대선수에게는 행운이다. 남의 불운이 자신에게 행운으로 다가오는 묘한 이치. 그렇다면 운이란 도대체 무엇이고 운명이란 무엇일까. 승부의 세계나 인생에 있어 그것을 어떤 에너지로 이해해야 할까. 주타누가른이 마지막 롱 홀에서 두 번째 친 공이 벙커로 들어간 상황, 도저히 벙커 탈출을 못하게 잔디와 벙커 경계선상에 깊이 박혀버린 그 공은 도대체 어떤 귀신에 씐 건지, 토지신의 심술로 이해해야 할지....

내가 도에 입문하는 사람들로부터 가장 많이 받는 질문 가운데 하나가 이것이다. 인간의 운명이란 것이 결정돼 있습니까. 나는 운명대로 살 수 밖에 없는 팔자입니까. 역으로 질문을 던져보면 대략 고개를 끄덕인다. 당신은 지금 이 방에서 나갈 것입니까, 아니면 계속 앉아 있을 것입니까. 그야 내 맘대로죠. 당연히 운이란 놈도 그렇습니다. 당신의 선택이 일정한 흐름을 가질 때 운명이라는 이름이 붙죠. 선택의 습관, 이것이 무의식에 저장돼 자신도 모르게 진행하는 선택을 운이라 합니다. 이것을 읽어내는 학문을 사주 명리학이라 하고요.

스포츠에서 운은 어떻게 작용하는가. 이것도 당연히 자신의 생각 흐름도가 일정한 틀을 가질 때 작용한다. 이건 고수의 이론이지만 일반인도 곰곰 생각해보면 이해될 것이다.

지난 주 열린 프로야구 경기에서 롯데 전준우 선수가 9회 말 친 공은 누구나 홈런으로 알았다. 자신도 때리는 순간 홈런인 줄 알고 손을 들어 세리머니 자세를 취했다. 그러고는 천천히 1루로 뛰는데, 그만 바람이란 놈이 이 홈런을 플라이로 만들어버렸다. 역풍이 불어 하늘에서 그냥 뚝 떨어진 것이다.

이것이 불운일까. 한번 분석해보자. 불운이냐 행운이냐의 기준은 그 시점에서 자신의 행위다. 하필 그 시점에 자신이 선택했다는 사실을 간과하는 것이다. 만일 그 공을 치는 시기를 한 템포 늦췄다면, 투수가 1초 늦게 공을 던졌다면 결과가 달라졌을 것이다. 그 시점에 맞춰 행한 일의 모든 조건이 완벽하게 맞아떨어질 때 행운 또는 불운이 나타난다.

또 다른 예로 어떤 사람이 길을 가다 교통사고를 당했다고 가정해보자. 0.1초의 짧은 시간에 부상을 당했다면, 그

시간 그 장소에 딱 맞춰 나오려고 얼마나 많은 선택을 했겠는가. 집을 나오기 전 전화라도 한 통 받았다면, 신호등을 건널 때 두 발자국만 느리거나 빠르게 걸었다면 등 시간과 공간을 선택하는 조건이 엄청 많았을 것이다. 결국 결론은 하나다. 행운이나 불운은 자신의 선택일 뿐이니, 운명이라는 친구에게 자신을 맡기지 말라는 것이다. 내가 선택의 주인이지 운명이 내 선택의 주인은 아니다.

운에 대해 좀 더 구체적으로 논해보자. 고급 철학 영역이기 때문에 아는 자만이 이해할 테고 인생과 운에 대한 나름의 가치도 정립될 것이다. 즉 나라는 존재는 어느 누가 손으로 빚어서 만든 것이 아니라, 나 자신의 고급 의식이 존재하고 싶어 존재하는 것이다. 불가나 고급 종교에서 말하는 신성(神性)이란 의식의 진동수가 점점 밀도를 달리해 이 세계를 경험하고 싶어 자신을 진화해나가는 원질(原質)을 뜻한다.

Ceator of All, Me 내가 원해서 그리 된 행위와 결과

원질은 창조와 파괴, 유지로써 자신을 확장한다. 이 세 가지 속성이야말로 신과 인간이 함께 가진 근원적 경험의

놀이다. 몸은 존재하다가 죽음이란 휴식기를 갖고 싶어
하는데, 이를 조정하고 통제하는 힘의 근원이 바로 내
안의 신성이다. 이 신성의 작용을 운으로 치부한다면 나는
움직임과 존재함의 모든 것을 운이란 놈에게 맡겨버리는
셈이 된다. 인간이 일어나 잠들 때까지 하루 중 스스로
선택해 행동하는 횟수를 통계로 내어보니, 무려
137번이라는 결과가 있었다. 일어날 것인가 더 누워 있을
것인가, 세수하고 용변 볼까 용변 보고 세수할까, 아침을
밥으로 할까 빵과 우유로 할까... 이런 것을 누가 결정하나.
선택의 주인이 누구인가. 운이란 놈이 하는가, 아니면 내
안의 주인이 스스로 하는가.

이 생각에 동의한다면 한 차원 더 높은 의문을 생각해보자.
태어난 것은 나의 신성 때문인가, 아니면 운이란 친구가
그렇게 만들었는가. 운이라는 고귀한 친구가 죽음도
관장하는가. 질병은 내가 걸리는 것인가, 아니면 어떤
절대자가 안기는 것인가.

감히 말하건대 이 모든 것은 나 자신의 신성이 선택한
결과물이다. 라운딩 중 골프채를 선택하는 것이 나인 것
처럼, 내가 골라 내 마음대로 친다. 이렇듯 나의 주인은
나지 운이란 놈이 아니다. 파괴를 하든 창조를 하든 모든

것은 내가 결정한다. 무의식과 잠재의식을 조정하는 순도 높은 마음이란 놈이 나의 주인이다. 이 순수한 마음을 신이라 하고 하늘이라 하고 부처라 하며 상제라 하고 절대자라고도 한다. 이름을 붙이면 그 이름 자체가 절대가 아니라는 말씀, '노자도덕경' 두 번째 구절이기도 하다.

결론은 순수 본성인 나라는 신성이 내 존재를 끌고 가니 이를 알고 행함이 최선이라는 것이다. 골프 행위 하나만 보더라도 답이 나온다. 바람이, 비가, 연못이 나를 이끄는 것이 아니라, 나 자신의 무의식과 잠재의식이 그리로 공을 당겼을 뿐이다. 더 높은 차원의 의식으로 말하자면 이 모든 것, 이 환영, 이 세계 자체가 내가 원해서 그리 됐을 뿐이라는 답을 얻는다. 주변과 환경, 이웃을 탓하지 마라. 오로지 나 자신의 의식이 그것을 경험하고 싶어 그 상황을 연출했을 뿐이다.

이유를 묻지 마라. 나는 하늘 자체이니....

Reincarnation and Birth, Why Turn 18 Holes? 환생과 탄생, 무엇 때문에 18 홀을 도는가

2013.06.17 892 호

티샷을 위해 공을 올려놓았다. 멀리, 똑바로 치려고 마음으로 그리고, 온몸을 힘으로 응축시킨다. 연습스윙 두어 번에 어드레스. 무심히 뒤로 뺐다가 때리는 순간 힘을 실어 한 바퀴 돌린다. 하늘로 뻗어 오르며 날아가는 공을 보면서 완벽한 피니시 자세.

호쾌하다. 그리고 나 스스로 만족스럽다. 그러면서 다음 스윙을 그리고, 또 천천히 이동하면서 잔디의 감촉을 즐긴다. 푸른 하늘, 점점이 떠 있는 구름, 넓은 초원, 살살 부는 바람, 강렬한 태양…. 내가 존재함을 느끼는 동시에 공의 생명을 관장하는 신으로서의 나를 확인한다. 그러면서 거꾸로 바라보는 철학을 음미한다. 상대로서의 자연과 대상으로서의 공. 골프장은 무엇이고, 공은 무엇이며, 골프채는 또 무엇인가. 이를 종합하는 나는 또 누구인가.

오랜만에 으뜸가는 고수들과 게임을 즐기며 자연 합일 사상을 온몸으로 음미했다. 얼마 전 서울 태릉골프장에서 내로라하는 아마추어 고수들과 붙었다. 골프 철학이 있는 분들과의 게임이었다. 70 을 바라보는 연세에도 70 대 후반을 치는 왕년 골프장 사장님, 전문프로의 길을 마다하고 세미프로로서 오로지 기쁜 마음 하나로 라운드에 나서는 선배, 한때는 언더파를 자랑하며 내기만 전문으로 하다 이제는 그 경계를 넘어선 건설사 전무님….

노선배가 주선한 자리였는데, 두 번째 홀을 마치자마자 모두가 하는 얘기가 "이거, 오늘 오랜만에 집중과 긴장으로 게임을 하는구면"이었다. 만만한 상대가 한 명도 없었기 때문이다. 구태여 내기를 걸 필요도 없었다. 오로지 자신과의 승부로서 한 번 붙어보는 것이었다.

진정한 고수들과의 게임에서는 구태여 집중을 위한 돈 내기가 필요 없다. 그저 상대가 있고 내가 있고 자연만 있을 뿐이다. 나를 다스리면서 내가 설정한 틀, 내가 요구하는 목표, 내가 만든 힘의 배분 원칙을 그렸다 지웠다 반복하기만 하면 되는 것이다. 내가 바라는 골프를 해보는 것이 이날의 승부수였다. 하여, 내가 공이 돼보기로 결심했다. 내가 공을 다스리는 것이 아니라, 공이 스스로 날아가는 것이다.

자연합일 사상 온몸으로 음미

세 번째 홀부터 본격적인 게임이 시작됐다. 탐색전이 끝나고 모두의 실력이 대략 확인됐기에 화면조정이 끝났다고 선언했다. 그리고 묵언의 게임을 진행하면서 나 스스로 공 자체가 돼버린 빛의 조합으로 길을 만들어가기 시작했다.

첫 티샷. 나는 공이다. 이 지상 물질계를 경험하려고 아직 생명이 없는 물질 자체로만 존재한다. 공이 공으로 보이는 이유는 그저 자유로운 의식상태 자체를 하나의 개체로 인식하기 때문이다. 나에게 생명을 불어넣는 것은 나 자신이 아니다. 우주에 존재하는 모든 힘의 조합이 단

하나의 길로 이끈다. 이제 자유의 의식상태가 된 공, 나 스스로 부여하고 규정한 힘으로 제한된 자유를 만들었다. 나는 공이라는 진동의 물질이 돼 날아갔다. 생명을 부여받아 스스로 선택한 힘으로 날아간 것이다. 이제부터는 아무도 내 생명, 나 자신에게 부여한 존재 자체를 건드리지 못한다. 내 의지대로 날아왔으며, 앞선 두 번의 행로는 단지 기억으로만 존재한다. 왜냐하면 나는 환생했으므로.

이 환생을 위해 죽음을 두 번 거쳤다. 첫 번째 홀에서는 보기를 했다. 의미 없이 휘두르는 채에 의해 내 생명은 그냥 흘러갔다. 그린 근처에 와서 어프로치를 한 후 투 퍼트. 두 번째 홀에서는 옆의 공만 보면서 함께 갔기에 파를 했다. 하지만 의미 없기는 마찬가지여서 그냥 죽음의 순서만 밟았다. 무덤이라 부르기도 하는 홀컵으로 들어가 버렸다.

이 두 번의 죽음 이후 세 번째 홀부터는 내가 선택하는 의미를 부여하기로 했다. 무덤에서의 부활, 티샷으로 재탄생해 페어웨이로 날아왔다. 여기는 롱 홀이다. 우주가 지정한 생명, 스리 온 투 퍼트로 파를 해 장수할 것인가, 아니면 빠른 죽음, 즉 버디를 택해 자유라는 휴식을 택할 것인가.

나는 버디로 이 홀의 경험을 빨리 마치기로 했다. 인생 경험이 지루하다고 느끼면 스스로 죽음을 선택하지 않는가. 빠른 환생을 선택하기로 결심하고 가볍게 날아간 나는 홀 컵, 즉 무덤 옆 1m 거리에 내려앉았다. 얼른 무덤으로 들어가자. 영혼이라는 기억의 저장 덩어리를 내려놓자. 퍼트가 나를 밀어주기를 바라지 말고 내가 퍼트 힘을 끌어당기자. 그리고 무덤이 나를 빨아들이도록 불러보자. 나는 지체 없이 원하는 대로 땅속으로 들어갔다. 땡그랑 소리까지 내며. 영혼의 기억 저장소인 아카식 레코드에는 지체 없이 하늘과 하나가 됐음을 증명하는 숫자가 그려졌다. 마이너스 1. 버디다.

이번 롱 홀에서의 여정은 의도한 대로 그려졌다. 설계한 그대로의 여정이 재미있었던가. 별로다. 무덤에서 부활한 나는 네 번째 홀 티 위에 올려졌다. 생명을 부여하고 관장하는 주인이 다시 힘을 부여했다. 재탄생한 것이다. 짧은 파 4 다. 세컨드 샷 지점에서 무덤까지 남은 거리는 80m 도 채 안 됐다. 힘은 그대로였으나 내리막 페어웨이라 다른 힘이 나를 인도했다. 중력이라 부르는 힘을 선택해 내리굴러갔다. 어깨를 으쓱거리며 만족감을 얻은 나는 건방지게 굴다 그린 근처에 떨어졌다. 무덤까지 가려면 한 번 더 힘을 써야 한다. 겸손하게 굴어야 한다는 이치를 다시 한 번 깨닫고 조용히 굴러갔다. 무덤 근처에 도달한 다음, 조용히 파를 하며 다시 환생을 준비한다. 이번 홀에서의 여정은 만족스러운가. 그렇다. 지혜를 얻었기 때문이다. 건방지게 굴다가는 설계대로 되지 않는다는. 작은 깨달음이 모여 큰 깨달음이 되듯, 실수나 실패가 지혜가 됨을 알았기 때문에 만족스러웠다. 이렇게 죽음과 환생을 거듭하며 스코어 카드라 부르는 내 여정을 하나씩 기록했다.

잠시도 긴장 풀 수 없는 게 골프

게임이 끝난 후 다시 인간으로 돌아와 전체 18 홀의 스코어 카드를 살펴봤다. 73 타. 기준타수보다 한 개를 더 쳤다. 스스로를 평가해봤다. 아직 욕심이 남았구나. 그 무엇인가를 해보고 싶은 욕심이다.

도대체 나는 무엇을 해보려고 인생이라는 18 홀짜리 여정을 하는가. 단지 사회적으로 인정받는 그 무엇을 해보기 위함인가. 그 무엇이 되려고 자유의지라는 내 본질을 한쪽으로만 사용할 것인가. 아니다. 나는 전생에서

해보지 못한 그 무엇, 반드시 하고 싶었던 그 무엇을 해보려고 환생한 것이다. 한 홀 기록이 의미 있는 것이 아니라, 다음 홀에서는 어떻게 하겠다는 내 의지가 작용해 다시 탄생하는 것이 의미 있는 것이다.

그럼 18 홀이 다 끝난 상태에서 다시 환생하는 것은 무엇인가. 다음 라운드 약속은 무슨 의미인가. 답이 나왔다. 진화하기 위해서다. 몸의 진화가 아닌 영적 진화, 몸속 에너지의 성숙도를 높이기 위해서다. 내가 다시 태어나 이렇게 사는 이유도 당연히 그렇다. 지난번 인생에서 한 맺힌 그 무엇을 풀려고 다시 태어났다. 그런데 그 한을 푸는가 싶었는데 이번 생에서 다른 한을 만들고 있다. 다시 환생하고 싶어서. 마치 골프에서 현재 스코어에 만족하지 못해 한으로 남기듯.

이날 세미프로가 이븐을 쳐서 1 등, 내가 2 등, 두 선배가 76 타를 쳐서 공동 꼴찌를 했다. 뒤풀이 시간에 다 같이 한 말. "잠시도 긴장을 풀 수 없는 이런 골프가 진짜 골프다." 성공과 실패가 중요한 게 아니라 그 과정에서 얻는 경험이 소중하다. 그것이 영혼을 성장시킨다! 노선배가 내린 결론이다.

**The Order to be Called When Miss Shot Comes, the
Origin of Nigami's Monk** 미스샷이 나오면 부르는 주문,
니기미 스님의 유래

작대기를 세워서
작대기를 돌리고

털밭을 거닐면서 구멍에 넣는다.

색도와 골도의 철학을 알아야 즐깁니다.

2013. 2. 12, 시중에 유행하는 야한 이야기를 소설 형식으로
꾸민 것임

미스샷이 나오면 외우는 불호, 니기미 스님의 유래,
골도의 시작과 한반도
<이 내용은 순수 창작품으로서 역사적 기록과는
부합되지 아니 합니다>

때는 이조 중엽, 이 땅에 성리학이 뿌리를 내리고 불도가
산으로 올라간 시절이었다. 이 땅의 민초들 중 사생아와
거렁뱅이 들이 몸을 눕힌 장소가 절이었던 시절, 경남
김해 땅에 인도의 유명한 스님 세분이 도착하였다. 그
옛날 김 수로 왕의 왕비, 허 황옥이 걸어온 바닷길
그대로를 따라서....

동래부사가 고명을 듣고 낙동강 하구로 나아가
영접하였다. 배에서 내리는 세 스님을 보고 옆의 이방에게
물었다. "존함들이 어찌 되시는고?" "예~이. 코가 큰
스님은 마구할타라 허옵고, 옆의 입술이 빠알간 스님은
두루 할타이시며, 비구니 스님은 사타구니라 하옵니다."
"어험, 구리도다. 어째 이름이 동방예의지국에 걸맞지
않는구나...."

범어사에 여장을 푼 스님들에게 부사가 물었다. "어떻게
이 땅을 왕림하시게 되었사옵니까?" 사타구니 스님이

답하길 "불도가 망하고 유도가 성행하니 이제 이를 다시 일으키기 위함이오." 부사가 다시 수염을 쓰다듬으며 헛기침, "어려울 것이오. 사문난적으로 몰리기 십상이니 방편은 다르게 강구함이 옳을 것이외다"

두루할타 스님이 정색을 하며 부사에게 청탁하였다. "내 그래서 다른 방도를 택하고자 함이니, 부사께서는 쓸모없는 야산 땅만 좀 주시구려" "무엇에 쓰실려고 함이오?" "이 땅의 민초나 고관대작이 즐기는 놀이터를 만들어 득도의 수단으로 삼아 볼 요량이오"

고승들의 부탁이라, 동래부사는 김해 땅 수로왕의 무덤 옆에 넉넉한 야산을 하나 내 주었다. 몰려든 민중들에게 몇 가지 도술로서 유혹한 다음, 여기에서 도를 닦으면 다 부처의 땅으로 갈 수 있도다 하여 도장을 만들기 시작하였다.

기원정사를 본 따서 자그마한 숙소를 먼저 지었으니, 이름을 혼외정사라 불렀다. 오갈데 없는 선남선녀들에게 운우지락을 선물하여 인부로 사용하였다. 소문이 나자, 유부남과 과부들이 몰려들어 스스로 인부되기를 자청하였으니, 노동력 착취라는 불평대신 모두가 좋아하는 장소가 되었다. 노가다 숙소에도 그럴듯한 이름을 붙여 득도의 장소임을 만천하에 자랑하였다. 빨리 일을 끝내고 집으로 돌아가는 숙소에는 아뿔사라는 절 이름을, 옆의 처녀총각이 자는 요사체 방은 조루방이라는 이름을 붙여주어 자신들이 신선을 준비하는 사람임을 주지시켰다. 방 주인 이름은 그의 특성을 따서 아뿔사 주인은 오입 스님으로, 조루방 주인은 시파보살로 이름 붙였다. 작업도구를 처음 만들어 인부들이 흙을 지고 나를 수 있도록 지게라는 들것을 만들었으니, 이름은 조빠지게라고 하였다. 각각의 숙소와 숙소사이에는 그럴듯한 명칭을 붙였으니, 큰 길은 꼴린대로(大路)요, 연못은 오럴색수(色水)이며 숲은 꼴림이라 이름하였다. 꼴림에서 가끔 나타나는 호랑이 이름을 강간범이라 이름 붙였고 언덕이 있는 구릉은 발기불능이라 하였다. 연못을 건너는 다리 이름을 할랑교 말랑교로, 그 밑 연못 안에서 자라는 고기 이름을 박어, 먹어, 핥어, 빨어 등으로 붙였다.

짐승들이 자주 출몰하자, 두루할타는 인부들을 보호하기 위한 특별 경호대를 창설하였으니, 2 개 사단으로 구성되었다. 남자들로만 구성된 사단은 자위대이고 여자들로만 구성된 사단은 생리대이다. 자위대의 특징은 한 손으로만 싸우고 생리대의 특징은 피터지게 싸우는 것이다. 두 개 사단 모두 출중한 무공수위를 자랑하였으니 자위대는 내공이 일갑자 이상되는 고수들이고 생리대는 초식이 아주 화려하였다.

드디어 놀이터가 완성되었다. 개장식날, 동래부사를 비롯하여 인근의 장삼이사와 고관 대작들이 모여 성대한 연회를 개최하였는데, 로마의 원형경기장인 콜롯세움을 본떠 만든 연회장 이름은 발딱세움이었다. 개장기념 공연으로 생리대 호위병들이 화려한 초식을 펼쳐 관중들을 즐겁게 하였는데, 순수한 허리아래 돌림의 기술로 상대를 넉아웃 시키는 요분신공, 손으로만 자위대를 날려버리는 대딸신공, 혀로서 상대를 제압하는 설왕설래 무공등이 그 진수를 나타내었다고 한다. 특히 이 때 등장한 모든 공법들이 전 세계로 펼쳐져 인도의 카마수트라, 중국의 소녀경, 발리국의 발리댄스 등의 원조가 되었다고 하니, 가히 그때 세 스님 공덕의 무량함은 오늘날까지 칭송되어 마땅한 것이다.

당시 축하비행을 한 헬리콥터의 소리까지도 오늘날까지 희자되고 있는데, 바가바가바가...하는 소리였다. 고관대작들을 경호한 자위대의 경찰차 소리는 지~자

지~자   하는   소리였고   앰뷸런스   소리는   지~보
지~보하였다고   하나   확인된   것은   아니다.   다만
오늘날까지 기록보다는 구전(口傳)되고 있는 점으로 보아
후대의 누군가가 첨삭하였다는 심증만 있을 뿐이다.

개장식후 피로연 장에서 동래부사가 물었다.
"이 도장의 이름은 무엇이라 하오?"
두루할타가 답하길
"인부들의 뼈(骨)와 피로 만들어 졌으니, 골피장이라
하외다"
"오호라..어찌 이름이 도장 같지 않소이다 그려"
"내용을 보면 여러 가지 도가 짬뽕되어 있어 이름도
그럴듯 하지만, 불편하면 골프장으로 불러도 되오"
"내용, 설명 좀 해 주시겠소이까?"
"우선 작업한 인부들과 그 숙소, 그리고 우리들의 이름을
잘 들어보면 무언가 생각나는 게 있을 거외다. 바로
하늘과 하나 되는 완성의 경지, 합합을 나타내고 있소.
합의 의미는 조선인들이 즐겨 사용하고 있는 십(十)의
된소리 발음이오. 이를 위해 땅에 건설한 도장의 수가
모두 아홉이오. 그래서 들어가는 것이 우선이 아닌,
나오는 것을 기준으로 해서 입길과 출길로 이름지었소.
아마 나중에 영어로 인코스와 아웃코스로 바뀔 것이오.

아홉 개의 골피장 중에 기준을 네 개로 해서 네 번만에 성공하는 것을 우주의 수리철학에 따라 다섯 개를 만들고, 세 번만에 성공하는 것을 변화의 법칙이 삼셋으로 나타난다 하여 두 개를 만들었소. 그리고 다섯 번만에 성공하는 코스를 또 두 개를 만들었으니, 오(五)라는 수는 중간 매개체의 힘을 뜻하는 것이라오. 도합 9 개는 구멍이라는 이름에서 보듯, 천지창조의 시작과 끝지점이라오. 그래서 한바퀴 다 돌고나면 구멍을 정복했다하여 완성으로 간주하면 되오. 아홉번을 두 번 돌면 존재와 하나 되기에 십팔구멍의 도인술이 창조되는 법이오"

"오호라..그렇게 깊은 뜻이? 그럼, 놀이의 법칙은 무엇이오?"
"단순하오. 그냥 구멍에 넣기만 하면 되오. 누가 가르쳐 주지 않더라도 혼자서 다 해야 하오. 스스로가 심판이고, 경기자이며 법제가이고 구원자의 역할을 다 하면 되오. 다만 도장 밖으로 놀이도구가 나가버리면 환생을 한다하여 오! 아름다운 샷이라 이름 붙이지요. 나중에 영어로 Oh, Beautiful 하여 오비란 이름이 붙겠소만...."

옆에서 대화를 듣고 있던 사타구니 스님이 거들었다. 이 모든 것은 내가 인체를 바라보아 몸이라는 도구를 가지고 만들었답니다. 설명해 드릴까요?

안 그래도 초식의 화려함으로 얼굴이 달아 올랐던 부사님이 호기심에 가득한 표정으로 재촉하였다. 거 참, 이해를 쉽게 직설적으로 설명 부탁드리는 바이오

"인체는 우주와 통하는 아홉 개의 구멍이 있습니다. 얼굴에 일곱 개, 아래에 두 개가 있습죠. 그 중 마지막 구멍이 창조의 혈자리입니다. 하여, 골피장의 마지막은 언제나 구멍 속에 넣고 뺌으로 끝이 나지요. 위에서부터 내려가면 두 개의 큰 봉우리가 있어 이를 본따 골피장의 끝에는 항상 부드러운 면 두 개를 만들었어요. 나중에 그린이라는 이름도 붙는답니다. 다가가는 길목의 구멍은 쉽게 다가가지 못하도록 옹달샘과 모래바닥을 추가하였지요. 영어로는 헤저드와 벙커로 불립니다. 아마 이 모든 것을 다 거치고 목적하는 바를 이루면 그는 우주의 정복자가 될 것입니다"

자세한 설명을 들은 동래부사는 대단히 흡족하였다. 이 땅의 도장을 어찌 한국인만이 가지고 있으랴. 전 세계로 전파하여 인류의 영적 진화에 기여하리라 하고 여러

나라에 사발통문을 보내 제자를 거둬들이라 명하였다. 이렇게 하여 다가온 유럽 제자의 이름이 아리스토텔레스 학파의 클리토리스이다. 그는 열심히 도를 닦아 새로운 학문을 제창하였으니, 신 사상의 이름을 오르가즘이라 붙였다고 한다. 이 학파는 러시아 제자를 다시 받아들여 유명한 두 도인을 배출하였으니, 내리꼬바와 쎄리꼬바였었다.

일본의 스님도 유학을 와서 받은 별호가 니기미 스님이었고, 일제시대를 거친 후 요즘도 한국과 일본에서는 미스샷이 나오면 이 스님의 이름을 부르며 주문을 외운다고 한다. 가히 공자가 명명한 한반도의 이름, 구이(九夷)의 나라, 조용한 득도의 나라라는 이름이 부끄럽지 아니하였다.

Tao of Golf and Color 골프의 도와 색의 도

2012.10.29 860 호

골퍼 대부분은 색(色)에 대해 한마디 할 수 있는 능력을 지녔다. 골프 자체가 십팔 구멍에 공알 넣기 아닌가. 유식하게 말하기보다 직설적으로 말하는 것이 더 짜릿하기에 글로 쓰기엔 조금 뭣한 말도 골프장에서는 통한다. 짜릿한 카타르시스가 분출되는 것이다. 무엇이 색이고 무엇이 '섹(SEX)'인가? 만들어진 만물을 불가(佛家)에서는 색으로 표현한다. 색즉시공 공즉시색(色卽示空 空卽示色)이란 드러난 만물은 그저 하나의 빛이 여러 색깔로 자신을 표현한다는 뜻이고, 섹은 자신을 표현하는 만물이 영속성을 가지기 위해 암수로 나뉘어 합하는 것을 말한다. 그래야 자손이 번성하고 자기 유전자가 이어지는 것이다. 이를 뚫린 구멍과 작대기로 상징화한 놀이가 바로 골프다. 그래서 골프장에서는 야한 농담이 그냥 야한 것이 아니라 실제적 행위를 표현하기에 사실성을 지닌다.

북한 금강산 골프장이 개장했을 때다. 김정일에 대한 농담이 하염없이 쏟아져 나올 때 골프와 색도에 관한 이야기도 한몫했다. 동반 라운딩을 하던 정주영 현대 회장이 김정일에게 물었다.

"북한 말로 골프는 뭐라 합니까?"

"허허. 십팔 구멍에 공알 넣기지요"

"그럼 클럽은 뭐라 하지요?"

"그야 구멍 넣는 작대기이지요"

"페어웨이는요?"

"넓은 털밭입네다."

"재미있네요. 스윙은요?

"작대기 돌리기지요."

"아하. 그럼 골프놀이란 게 결국 작대기를 들고 돌리면서 털밭을 헤매다 구멍에 작대기로 쑤시기군요?"

"당연한 걸 왜 묻고 그러십네까? 남한 사람들은 웃깁네다."

김정일 위원장의 골프실력이야 우리는 웃지만, 북한에서는 전설이다. 골프채 잡은 첫날 56 타, 무조건 버디와 파로 쳤으니 '골신'이 따로 없다. 권력이 곧 골프의 신을 만들었다. 하기야 미국 클린턴 대통령도 원래 보기 실력인데 동반자들이 무조건 멀리건을 줘 스스로는 80 대 초반 실력이라고 알았다고 하니, 골프 실력이 권력과 상통한다는 것을 말해 무엇 하랴. 갑으로 접대받는 골퍼들은 잘 알 것이다. 힘이 곧 골프 실력이란 것을.

색도를 논할 때 먼저 기본을 알 필요가 있다. 무릇 모든 남성은 여성에게 구애할 때 엄청난 노력을 기울인다. 모든 여성은 선택권이 자기한테 있음을 알리려고 혼신의 힘으로 치장한다. 호르몬을 풍기든 외모를 가꾸든 방식은 자유지만 과정은 동일하다. 즉, 만나고 접촉하고 애무하고 넣는 과정이다. 이 네 과정을 생략하고 곧바로 넣기도 하나, 그것이 정상이 아님은 분명하다. 다만 넣음에 있어 목적을 분명히 한다면 그에 따른 노력도 배가된다. 자손 번창이냐 쾌락 추구냐. 하여간 필사의 노력, 다른 말로 하면 연습을 많이 해야 성공한다. 색도든 골도든.

네 과정을 진행하는 법칙을 살펴보면 골도와 색도가 그 맥을 같이한다는 사실을 알 수 있다. 첫 만남에선 무조건 환심을 사야 한다. 남성 처지에서는 힘을 보여주는 것이다. '내가 이렇게 강한 힘을 가졌으니 내 후손도 당연히 강하게 살아남을 것이오' 하고 유전자 능력을 과시한다. 이 힘이 바로 드라이버다. 많은 골퍼의 로망이 장타라는 사실을 내면 의식 측면에서 살펴보면 수컷 본능의 과시가 자리 잡고 있음을 어찌 부인하랴. 그래서 드라이버를 '보여준다'라고 한다. 드라이버 이즈 쇼!

이 힘에 넘어가 연애가 진전되면, 아니 궁극적인 목표인 넣음을 완성하려면 두 번째 과정을 힘으로 해서는 안 된다는 사실을 깨달아야 한다. 이때 필요한 것은 바로 부드러움이다. 암컷은 보살피고 보호받는다는 느낌을 받아야 문을 열 준비를 한다. 그것도 느낌이 확실해야 한다. 부드러움을 보여주는 방법은 힘 빼고 고개를 딴 데로 돌리지 않으면서 오로지 하나만 응시하는 집중력이다. 그녀가 다른 데로 눈길을 돌리지 않는지 감시하고 구속하면 절대 문을 열지 않는다. 바로 아이언을 다루는 방법이다. 드라이버같이 파워풀한 느낌으로 다루면 안 된다. 그저 바람같이, 물결같이 흘러가는 대로 다루되 눈길을 다른 데로 돌리지 마라. 아이언의 법칙이고 문을 여는 비법이다. 그래서 아이언을 예술이라고 하는 것이다. 그린에 올라가는 능력, 예술의 능력, 바로 벗기는 능력이다. 아이언 이즈 아트!

세 번째 과정, 다가감은 섬세함이 핵심이다. 만나서 아무리 힘을 보여주고 부드럽게 다뤄도 결정적인 과정을 생략한다면 넣음에서 실수가 생긴다. 오로지 구멍만을 탐닉하려고 중간 과정, 즉 살살 쓰다듬는 애무 능력이 없으면 토라지게 돼 있다. 구도자의 말로 표현하면, 혈자리를 열어야 한다. 굳은 몸은 주변에 오라를 발산하지 못하고 에너지의 나눔도 공유하지 못한다는 철칙이 있다. 손끝에서 나오는 에너지의 능력은 살살 집중해야 극대화된다. 어프로치 또는 홀에 다가가는 능력이다. 압력 3kg 법칙으로. 3kg 법칙은 무엇인가. 말로 설명하지 못하는 술(術)의 영역이다. 바로 어프로치와 퍼트 영역이다. 퍼팅 기술이야 과학으로 설명할 수 있지만, 느낌 고감도

측면에서는 논하기 어렵다. 색도를 알아야 가능하다. 그저 섬세함으로, 오로지 쓰다듬는 초정밀 집중력으로. 숏 게임 이즈 무드!

네 번째 과정은 밀어라이다. '때려라'도 아니고 '박아라'도 아니다. 그저 밀어라이다. 어떻게 미느냐의 능력도 술의 영역이다. 자신만의 퍼트 기술에 따라 미는 힘과 느낌은 다르다. 긴 퍼트로 밑을 공략하든, 짧은 퍼트로 씩씩하게 밀든 자신만의 느낌으로 밀 때 구멍은 소리를 낸다. 땡그랑. 교성과 괴성이 합하는 소리다. 그 소리를 들을 때까지 눈길을 다른 데로 돌리지 마라. 오로지 한 구멍에 집중하라. 가는 길을 상상하라. 천지가 뒤집혀도 오직 한 순간, 지금 여기, 내 느낌만으로! 이걸 잘해야 행복이 기다린다. 퍼트 이즈 머니!

골프의 네 가지 법칙을 골도라고 부른다. 모든 골프장은 파 4가 기준이다. 남녀 운우지정(雲雨之情)의 네 가지 법칙은 색도라고 한다. 주역에서는 우주의 네 가지 순환법칙을 원형이정(元亨利貞)이라고 한다. 이는 삶의 관점에서 바라본 '있음'의 법칙이다. 죽음까지를 포함하는 '없음'의 관점에서는 논하지 못한다. 모르기 때문이다. 이를 하늘의 도라 일컫는 바, 죽음까지를 포함하는 깨우침은 색도를 알아야만 초월적 관점에서 알 수 있다. 하늘의 도를 설명하는 데는 음양의 법칙이 필요하고, 이 법칙의 완성을 알면 초월을 안다. 바로 교접을 통해. 교접의 끝자락은 쾌감과 허무가 늘 같이한다.

생사의 법칙도 예외는 아니다. 삶의 과정에서 고통도 내가 만들어 즐기고, 죽음도 내가 만들어 즐긴다. 질병도 내가 만들고, 인연도 내가 만든다. 교접 상대도 내가 만들고, 초월의식도 내가 만든다. 선택과 집중의 과정일 뿐, 의미를 부여하는 순간 그것이 내 우주고, 내 삶이고, 내 인생이다.

색도와 골도가 어찌 다르랴. 모든 짝을 내가 선택하고 모든 방향과 목적은 내가 선택한다. 그 어떤 절대자가 이리하라, 저리하라 훈수를 두는 것이 아니다. 단지 인드라의 그물이 있어 비치는 그 상태로 인해 내가 선택의 폭을 넓히는 것일 뿐, 대상이 되는 그것은 절대 자유다. 펼쳐진 자유의식에 의미를 부여하면 그것은 에너지가 되고 하나의 생명이 된다. 자체의 생명이 되면 대상이 되고, 이를 나와의 관계로 설정하면 인연이 되는 것이다. 그 인연과의 교감이 바로 도다. 도를 실천하는 방법이 도리다. 골도든 색도든 이 도리를 지켜나갈 때 상승곡선을 그린다. 골도의 실력이 상승한다. 만들어진 개체로서 자신을 인식하지 말고 만든 주인으로서 나를 인식하라. 바로 골도를 통해, 그리고 색도를 통해!

내 말이 아니고 부처의 아들 라훌라가 한 말이다. 탄트라교를 만든 라훌라가 법문한 진리의 말씀이다.

Tao of Golf and ColorII 골도와 색도(色道) 2

2012.11.05 861 호

새 이름에 숨은 비밀… 애들은 가라!

골프선수 타이거 우즈의 색도(色道) 논란이 불거진 이후 모든 이가 욕했다. 정상급 선수가 '마눌님'을 놔두고 어울리지 않게 화류계 애들과 노닐었다는 게 이유인데, 보통 사람의 시각으로는 욕하는 게 당연하지만 어느 정도 삶의 이치를 아는 우리로서는 당연한 것으로 받아들인다. 왜? 모든 남자는 자신의 유전자를 되도록 많이 뿌리길 원하고, 모든 여자는 강한 유전자를 선택하기 위해 골고루 받아들인다는 불편한 진실을 알기 때문이다. 하물며 색도와 골도는 철학적 원리를 같이하기 때문에 고수일수록 그 둘을 하나로 여긴다. 우즈 같은 불세출의 스타가 어찌 이 원리를 모르랴. 이름조차 숲 속 호랑이거늘....

오래된 골프 친구 가운데 자그마한 녀석이 있다. 고위 공직생활을 오래하고 정권이 바뀌어 옷을 벗은 친구인데, 유명한 제약회사 바지사장으로 스카우트돼 인생 이모작을 즐기며 사는 인생 고수다. 골프를 치는 그의 모습을 보면서 성공적인 삶을 산다고 확신한 이유는 극에 다다른 자만이 가지는 여유를 그에게서 발견했기 때문이다.

그는 국가 정보기관에서 하나의 진리, 즉 인간이란 "식과 성을 위해 변형된 에고를 가지고 노는 동물"이라는 사실을 터득했다고 한다. 골프를 통해서도 이 진리를 깨달았다고 한다. 자그마한 키에도 270 야드를 웃도는 드라이버, 온몸을 뒤틀어 힘을 잔뜩 비축했다가 한 번에 내뿜는 잠재에너지의 응용술, 섬세하게 쓰다듬을 줄 아는 어프로치와 퍼팅. 왜 그리 잘 치느냐고 묻는 나에게 그가 한 답이 걸작이다. 이거, 색도, 즉 성을 응용하면 나 자신과의 싸움이라는 골프용어가 전혀 다르게 느껴져.

그저 힘 있게 정복하고 부드럽게 다룰 줄 아는 재주만 있으면 골프 참 쉬워. 요령은 딱 하나야. 얼마나 크게 돌리느냐, 그리고 얼마나 지스폿(G-Spot)에 맞추느냐지. 이것을 위해 고개 들지 마라, 온몸으로 쳐라, 눈으로 보지 말고 소리로 쳐라 등 말이 많은데, 공과 채의 지스폿 지점을 얼마나 정확하게 맞추느냐야. 이게 됐다 싶으면 오르가슴이 막 느껴지지.

이 말을 듣고 학자적 강의심이 발동했다. 그럼 색도와 골도의 철학을 구라쳐 주마. 하고는 있지만 설명이 어려운 부분을 정리해주지. 우리말로 하기에는 아주 뭣한 질문이 오르가슴이 무엇이냐는 것이다. 입맛을 쩝쩝 다시며 대답해준 말이 "○○떨림이오"다. 여기서 ○○로 표시한 말은 활자로 하기에 뭣해서 표기는 못 했지만, 학문적으로 접근해 그 어원을 살피면 욕이 아니다. 벌릴 보(匕十)에 이를 지(至)자로 쓴다.

아주 깊은 철학적 의미가 있다. '匕' 자는 북두칠성을 뜻하는 뜻글자이자 창조를 의미하는 여성성을 상징한다. 앞에 계집 여(女) 자를 붙이면 왕비(王妃) 할 때 그 비(妃) 자가 된다. 창조성을 담는 그릇이란 의미가 '匕' 자다. 그래서 전 세계에서 유일하게 숟가락을 사용하는 민족이 우리 대한국민이다. '十' 자는 완성을 뜻하는 우주적 글자다. 하늘에서 내려오니 'ㅣ'이고 땅을 펼치니 'ㅡ'이다. 하늘과 땅을 합하면 '十' 자가 된다. 십자가가 종교의 상징이 된 것은 우연이 아니다. 된소리로 발음하면 욕이지만 성스럽게 말하면 완성을 뜻한다. 즉 '벌려서 다다르다'라는 고매하고도 우아한 뜻이 담긴 말이다. 여기서 '至' 자가 골도와 아주 깊은 관계가 있기에 얼굴 붉히는 서론이 길어졌다.

갑골문 첫 시대의 '至' 자는 새가 하늘에서 내려와 막 땅에 내려앉는 모습을 상징한 것이다. 날개를 펴고 발은 땅에 닿은 모습, 이것이 이른다는 뜻글자의 효시다. 무엇에 이르는가. 바로 하늘의 성령, 우주 의식, 빛의 내려옴을 새가 내려오는 형상으로 표기한 것이다. 우리의 전통 결혼식에 새를 상징화해 기러기를 갖다놓는 이유가 여기에 있다. 당신네 둘은 하나로 합하여 성령에 이르게 되었소 하는 무언의 도리를 말씀하는 것이다. 이것이 오르가슴의 표시이고 없음과 있음을 합한 느낌 고감도의 세계를 말하는 것이다.

쉿! 애들은 가라. 골프에서 절정의 숫자놀음을 왜 새 이름으로 표시하는 줄 아는가. 버디, 이글, 앨버트로스....

오르가슴 단계를 말하는 것이다. 버디는 작은 새들을 총칭한다. 참새, 박새 등 땅 근처에서 날아다니는 새를 이른다. 이것은 자그마한 오르가슴이다. 짧게 지속되며 요리조리 움직이는 쾌감의 저감도 세계를 말한다.

이글이야 두말할 것도 없이 독수리다. 하늘 높이 있으면서 5.0 이상의 시력으로 살펴보는 새다. 체공시간도 길고 살펴보는 눈도 밝게 빛난다. 오르가슴 강도를 논할 때 어찌 버디라는 작은 새의 경지와 비교하랴. 고감도 느낌이 오래가며 이때부터는 기념품까지 만들 정도로 하늘과 하나 됐음을 자랑하기도 한다. 최소한 유럽제국을 상징할 정도의 새가 그리하다. 신성로마제국, 오스트리아 제국, 러시아 제국 등의 황제 문양은 독수리다. 미국 육군 대령 계급장도 독수리다. 지상에서 동경하는 쾌감의 극치, 바로 독수리로 상징되는 절대 만족의 세계를 말함이다. 이를 지('至')!

앨버트로스는 가장 높이 나는 새, 갈매기의 왕 신천옹을 말한다. 이놈들은 날갯짓을 그리 많이 하지 않는다. 그 대신 날개가 아주 커서 기류를 타고 하늘 높이 오른다. 대기권에서 오를 수 있는 높이까지 올라 유유히 지상을 굽어본다. 날갯짓 없이 펼치고만 있어도 바람이 그를 데리고 다닌다. 한 번 날개를 펼치면 8500km 까지 날아가는 새. 꿈의 새라고도 부른다. 지구상에 150 여 마리밖에 없다. 오르가슴의 극치, 열반의 경지! 바로 생애 한 번도 겪어보지 못한 꿈의 세계다. 그러하기에 미들 홀에서는 한 번에, 롱 홀에서는 두 번 만에 넣는 -3 의 경지가 바로 이 이름이다. 다른 말로 하면 만나서 손잡고 돈 투자하며 꾀고 또 꾀어서 내 것으로 만드는 데 걸리는 시간을 줄인, 초고수의 경지에 이른 자만이 경험하는 열반의 세계다.

그럼 남자의 상징은 한자로 어떻게 쓰는가. 끝에는 마찬가지로 '至' 자가 있지만 앞에는 불릴 자(滋) 자다. 불려서 극에 이른다는 뜻의 철학적 명사다. 쉽게 말하면 크게 만들어 시작되는 첫 지점, 극(極)에 이른다는 것이다. 어떻게 크게 만드는가. 내 무의식의 에너지를 생각과 감각의 영역에 확 불어넣으면 된다. 그래서 심리적이란 용어가 등장하는 바, 골도의 세계에 대입하면 스윙아크를 크게 하는 것이다. 작게 돌리면 작게 날아가고, 크게 돌리면 크게 날아간다. 크게 돌려 스폿 지점의 정확한 맞춤, 이것이 불려서 극에 이르는 원리이자 열반에 이르는 묘미의 비결이다. 골도를 모르고 색도를 논하지 말며, 색도를 모르고 골도를 알려고 하지 말자.

여기서 생기는 하나의 의문. 그럼 아이언과 퍼트는 불려서 극에 이르지 못한다는 말씀이신가요? 이런 질문 던지는 당신, 왕초보다. 색도의 기본, 큰 빗자루는 한 번만 쓸어도 되지만 작은 빗자루는 섬세하게 구석구석 쓸어담는다는 진리를 모르고 있음이다. 흐느적거리는 빗자루로는 잔 쓰레기가 많이 남는다. 다시 쓸어야 하는 수고로움이 있지만 짧고 강한 빗자루는 한 번만 쓸어도 잔 쓰레기가 남지 않는다. 모퉁이, 책상 밑까지 구석구석 쓸어 담을 줄 아는 섬세함 또한 니르바나 세계에 이름이다. 호쾌한 드라이버보다 어프로치로 컵에 딱 갖다 붙이는 쾌감이 질적인 면에서 오르가슴이 더 오래간다.

순간이 영원으로 다가오는 수행의 묘미가 여기서도 적용된다. 우리 같은 수련자들이 금과옥조처럼 여기는 한마디, 나우 앤드 히어(now and here). 지금 바로 여기가 나의 드러남이요, 인생이요, 쾌감의 극치다. 어디서 무엇을 찾으려 하는가. 무엇을 얻으려고 정신없이 뛰어다니는가. 몸이 허용하면 힘차게 돌려 나를 과시하고, 몸이 허용하지 않으면 내면으로 들어가라. 극에 다다르기 전에 나를 돌이켜 살펴보라. 조용하게 쓰다듬어 나를 보듬는 지혜, 남의 기분을 묻지 말고 오로지 나만의

능력과 기술로 극에 다다라 보라. 골도와 색도는
하나이면서 둘이고 둘이면서 하나다. 존재를 존재답게
하는 철학, 한 뿌리에서 나온 다름의 둘이다.

There is a Desire Hidden in the Golf Course, The Face of the Thousand Has a Reason 골프장에 숨은 욕망, 천의 얼굴 이유 있다

새로 개장하는 골프장을 홍보하는 경우 누가 설계했다는 자랑을 빼놓지 않는다. 잭 니클라우스가 했다느니, 캐리 웨브가 했다느니 하면서 세계적인 선수를 등장시킨다. 과연 그들이 만들었다고 더 멋있고, 자연경관을 더 많이 살려 폼이 날까.

골프 발상지는 스코틀랜드 에든버러 지방이라고 익히 알려졌다. 목동들이 우리식 자치기를 하다 '구멍 넣기'로 발전했다고 하지만, 만들어낸 얘기가 아닌가 싶다. 이리 해보고 저리 해보다 진화한 것이지, 오로지 구멍 넣기만 목적으로 하던 놀이였을까. 어쨌든 거기서 출발해 영국으로, 미국으로, 일본으로 넘어온 다음 우리나라로 들어왔다고 하는데, 어디까지나 기록이 아닌 구전으로 전해지는 얘기다.

엄밀히 말해 현재까지 전해지는 기록은 스코틀랜드 제임스 2세 국왕이 영국과 전쟁을 벌일 당시 골프를 하지 말라고 명령을 내렸다는 내용이 전부다. 우리나라 대통령도 골프 금지령을 자주 내렸으니 새삼스러운 일도 아니다. 그래서 중국도 자기네가 원조라 하고, 우리나라도 격구라는 이름의 골프 비슷한 놀이가 있었다며 슬그머니 원조 타령에 발을 집어넣고 있다.

골프장 구조와 설계 이면을 알아야 골프 진수를 알 수 있다. 에든버러 지방 해안가에 자리한 골프장은 자연 그대로의 잔디에 그냥 정리만 해놓았다. 항상 습도가 유지되고 잔디 상태도 일정해 골프 원조 지역답게 바람, 비, 모래 등 자연 그대로 골프장을 운용한다. 즉, 구멍을 만들어놓고 적당히

관리만 하면 되는 곳이 여기다. 그래서 골프 성지라 불린다. 브리티시 오픈이 열리는 세인트 앤드루스 올드코스를 보면 엄청난 크기의 항아리 벙커가 특징인데, 최경주 선수가 세 번 만에 벙커를 벗어나는 묘기를 연출하기도 했다. 오죽하면 일본 선수가 네 번 만에 탈출했다고 해서 어느 홀 벙커를 '나카지마 벙커'라고 이름 붙였겠는가. 이런 자연 상태의 해안가 골프장을 골프 링크스라고 한다.

링크와 파크 그리고 군대코스

내륙지방에 있는 골프장은 파크랜드라고 부른다. 골프 인구는 늘고 자연 상태 골프장은 적으니, 내륙지방으로 옮겨 즐기자고 해서 만든 것이다. 15세기 시작된 골프장 건설은 중장비가 있어 깎고 미는 것이 아니었다. 삽과 곡괭이로만 건설했으니 조잡하기 이를 데 없었다. 공원처럼 조성해야 다니는 맛이 난다고, 산악지방에서조차 골프장을 공원같이 만들었다. 그래도 산악, 하천 등 자연을 최대한 살려 만들었으니, 골프에 매료된 당시 유럽 귀족의 운치를 미뤄

짐작할 수 있다. 그들이 시종을 데리고 나와 공과 채를 운반하게 만든 풍토가 오늘날 캐디문화로 이어졌다.

따라서 골프장은 큰 틀에서 해안에 있느냐, 내륙에 있느냐를 따져 링크코스와 파크코스로 구분한다. 재미있게도 우리나라는 여기에 하나를 더 추가한다. 군대코스가 바로 그것이다. 장소 불문하고 군대, 특히 비행장과 조종사가 주둔하는 곳 옆에 건설한 것이 군대 골프장이다. 최초의 군대코스는 서울공항이라고도 부르는 공군성남기지였다. 6·25 전쟁 때 미군 수송물자를 야적할 곳이 필요해 활주로 옆 넓은 공터를 잔디로 덮은 것이 골프장이 됐다.

군인들이 무슨 골프냐며 의아해하는 사람이 많지만, 의외로 조종사에게는 골프가 최상의 운동이다. 테니스나 축구 같은 과격한 운동은 부상 위험이 있어 조종사에게는 치명적이다. 더구나 조종사는 늘 출격 태세를 갖추고 영내에 대기해야 한다. 따라서 군대코스는 비상시 물자 저장소이면서, 평상시에는 조종사 대기 장소다. 이렇듯 일석삼조 효과가 있어 군대 골프장이 건설된 것이다. 공군성남기지를 원조로

육군과 해군 골프장까지 생겼다. 현재 31 개 군대 골프장이 있다. 나 같은 사람도 골프를 접한 것이 우연이 아님을 말하는 한반도의 역사적 필연이다.

가만히 살펴보면 내륙지방 골프장에는 설계자의 의도가 반드시 숨어 있다. 자연 그대로의 링크가 아닌, 파크 형태 골프장은 세 가지 유형이 기본이다.

첫째, 벌칙형이다. 한 번 실수하면 한 타를 까먹으라는 의도인데, 벙커나 깊은 러프, 솥뚜껑형 그린이 그것이다. 솥뚜껑형이 무엇이냐고 묻는다면, 그린 형태가 솥뚜껑처럼 생겨서 그렇게 부른다. 장소와 그린이 모두 좁아 온 그린을 해도 스리 퍼트가 되도록 설계한 것이 바로 그것이다.

둘째, 전략형이다. 세컨드 샷이나 서드 샷을 어느 지점으로 보내야 할지 고민하게 만들어놓은 것이다. 이상하게도 핀이 꽂힌 자리는 벙커 바로 뒤다. 또는 홀을 직접 공략하지 못하도록 까다로운 자리에 홀컵을 위치시킨다. 이는 골퍼에게 고춧가루를 뿌리려고 그렇게 만든 것이 아니다. 티샷 공을 어느 지점에 갖다 놓아야 온 그린이 쉬울까 전략을

짜라는 뜻이다. 드라이버가 아닌 3 번 우드나 아이언 티샷을 고민해보라는 설계자의 의도다.

셋째, 모험형이다. 쉬운 것같이 해놓고 곳곳에 함정을 판 코스다. 300 야드 미만의 짧은 코스를 만들어놓고 좌우나 옆에 깊은 러프, 벙커를 함께 만든다. 원온 욕심을 부리게 유도하는데, 까딱 실수하면 다른 코스보다 스코어가 더 안 나온다. 모 아니면 도라는 식으로 호승심을 부추기는 코스다.

위 세 가지 유형 외에 말은 못 하지만 깊은 속뜻을 가진, 여체를 상상하며 정복 개념으로 설계한 것도 있다. 소위 말하는 색도를 즐기라고 슬그머니 숨겨놓은 것이다. 그린 2 개가 왜 필요한가. 한쪽만 쓰면 망가지기 때문에? 그러면 티샷 지점도 두 곳을 만들어야지 왜 한 곳인가.

답은 간단하다. 멀리서 바라보면 부드러운 가슴이 상상되기 때문이다. 그린과 그린 사이를 느껴본 적 있는가. 계곡 품에 안기는 듯해 포근함이 전해진다. 태아 시절 안온함이 느껴진다. 언덕과 잔디가 절묘하게 배합된 구릉지대를 걸으면서 따뜻함과 정복자의 쾌감을 느껴본 적 있는가.

남성이 가지는 유전자적 씨 뿌림의 은유다. 고생하지 않고도 정복하는 쾌감의 내면화다.

그린 2 개가 필요한 이유

모든 페어웨이는 부드러운 곡선 모양으로 만들어진다. 맨땅 위를 곡선으로 다니는 것이 아니라, 잔디로 덮인 지면을 꾹꾹 누르면서 곡선으로 밟아가는 것이다. 모성애와 성감을 결합한 인간 본성의 내면이다.

벙커 위치를 잘 살펴보라. 아무 곳이나 파놓지 않았다. 목적지의 최종점, 마지막 정복지에 쉽게 다가가지 못하도록 견제 장치를 마련해놓은 것이다. 반면 그린 근처에는 물 고인 해저드가 적다. 물은 곧 탄생 지점으로, 몸을 담그는 곳이다. 깊이 빠져드는 상상이 무의식으로 다가가는 곳에 해저드가 자리한다. 이것이 거짓말 같다면 꿈을 한번 생각해보라. 물에 빠지거나 헤엄치는 꿈을 꿨다면 당신은 정력이 넘치거나 성욕 불만자다. 물은 그런 의미를 지닌다.

골프장은 이처럼 무의식의 자연 합일과 인간 욕망을 숨은 뜻으로 갖고 있다. 그러니 단순히 스트레스 해소하는 방편으로만 다가서지 마라. 자신을 돌아보고 자연을 살펴보며 존재를 알아가는 의식의 세계로 접근하라. 만들어진 골프장에 적응하기보다 그 이면의 주인이 되는 자각 의식을 깨우친 사람이 진정한 골프 고수다.

**Golf Law, Clauzevitz and Grandson 골프 병법, 클라우
제비츠와 손자**

2012.12.10 866 호

모든 게임에는 전략이 있고
작전이 있으며 전투가 있다.

큰 틀을 보고 구상을 하며
작은 틈새를 보고 움직이고
몸으로 실천하는 지혜,

고전의 병법과 골프의 관계를 알아봅니다.

즐기기? 배우기? 목표 정하고 티샷 하라
골프병법

대통령선거 바람이 한창이다. 둘 중 하나를 선택하는 게임의 법칙이라, 나름대로 재고 분석하고 한 말씀한다. 대통령? 한자 뜻대로 풀이하면 크게(大) 실()을 하나로 묶어(充)내는 머리(領)란 뜻이다. 얽히고설킨 사회문제를 실로 보면, 그것이 시작되는 하나의 줄을 잘 잡아 술술 풀어 제대로 다시 묶는 사람이 대통령이다.

선거뿐 아니라 사람 간 관계의 본질은 투쟁과 화합이다. 얼마나 싸우고 얼마나 친한지가 세상살이 근본인 것이다. 대화합이니 소통이니 하는 것도 따지고 보면 자신만의 길을 가는 데 있어 주변과의 관계를 어떻게 만들어 나가느냐가 핵심이다. 결국 자신의 그릇 크기만큼 삶을 만들어가는 것이므로, 대통령이란 자리도 그 그릇 크기를 어떻게 만들어 투쟁과 화합을 자기 의도대로 끌어가느냐가 문제다. 그래서 투쟁은 병법으로 이어지고, 이는 처세술로 자리매김한다.

투쟁의 술법! 바로 병법이다. 동양에는 병법 고전 '손자'가 있지만, 서양 병법에서 가장 두드러지는 인물은 클라우제비츠다. 19세기 프로이센, 지금의 독일 출신이다. 워털루 전투에서 나폴레옹의 참모장이기도 했던 그는 전쟁 전문가였는데, 이 친구가 '전쟁의 원칙'이란 걸 도출해냈다. 전쟁에 무슨 원칙이 있느냐고 반문하겠지만, 모든 전쟁의 승리공식을 이 원칙에 대입해보니 딱 맞더라는 것이다. 열두어 개로 기억하는데, 전쟁 원칙이지만 처세술 원칙이기도 하고 스포츠 경쟁 원칙이기도 하다. 목표 원칙, 공세 원칙, 정보 원칙, 기동 원칙, 통일 원칙....

골프할 때도 이 원칙을 새겨놓고 경기에 임해보라. 자신만의 술법이 생기고 인생사에 큰 도움이 될 것이다. 이번 호에선 12개 원칙 가운데 가장 중요한 '목표 원칙'을 소개하고 나머지는 다음 호에서 논해보겠다.

제 1 원칙, 목표를 분명히 하라. 필드에 나가는 사람은 그날 목표를 세운다. '그냥 즐기자'는 사람, 목표 타수를 정해놓고 나가는 사람, 돈내기를 통해 경비 최소화 작전으로 나가는 사람, 새로운 사람과의 교분을 목적으로 나가는 사람 등 다양하다. 어떤 사람은 사업에 필요한 접대, 자연과의 교분을 목표로 내세운다.

하루라는 시간을 투자하는 만큼 목표를 분명하게 세우는 것이 골프나 인생 전반의 삶을 설계하고 살아가는 데 도움이 된다. 만일 당신이 보기플레이어라면 자기 타수보다 두 개 정도만 적게 치겠다는 목표를 세워라. 그날 경기에 임하는 자세가 분명 달라질 것이다. 매 홀 집중할 것인가, 아니면 어려운 홀에서는 보기를 하고 쉬운 홀에서는 파를 하겠다는 '욕심 버리기'를 목적으로 삼을 것인가.

전쟁 시 적 부대를 섬멸할지 고지를 점령할지 등 목적에 따라 싸우는 방법이 달라지듯, 골프경기도 목표가 분명해야 자신이 하는 샷의 선택이 달라진다. 만일 접대를 통해 다른 그 무엇을 얻고자 한다면 스윙과 홀컵 공략보다 상대 기분을 어떻게 맞출 것인지가 관건이다. 목표를 엉뚱하게 잡고 운동한다면 집토끼도 놓치고 산토끼도 놓친다.

다음은 목표를 잘못 잡아 국제적으로 망신당한 어느 고위 장교의 사례다. 내 친구가 그 고위 장교 전속부관을 할 때다. 군사·외교 목적으로 유럽 국방 관계자들과 라운딩을 했다. 한데 이 고위 장교는 국내에서도 매너 없기로 소문난 속칭 '또라이'였다. 페어웨이에서 공을 드리블하는 것은 기본이고, 심지어 벙커에서 티를 꽂고 샷을 하는 것은 물론, 오비(Out Of Bound)가 나면 안 났다고 현장에서 그냥 치는 것이 일상화된 사람이었다.

그린에서는 더 가관이었다. 마크를 할 때면 공보다 두세 뼘 더 컵 가까이 놓고, 공을 제자리에 놓을 때는 마크 지점보다 한두 뼘 더 가까이 공을 갖다놓았다. 그리고 다시 한 번 공을 들었다가 놓으면서 두어 뼘 더 앞으로 전진하다 보니, 원래 공 자리보다 2~3m 는 더 홀컵 가까이에서 퍼팅을 했다. 오죽하면 그와 라운딩을 하는 사람들이 그런 습성을 잘 알아 미리 독특한 룰을 만들어놓고 시작할까. 그의 이름을 딴 '○○○골프'라는 우스갯소리가 있을 정도였다.

그렇지만 어쩌랴. 계급이 깡패이니 따르는 수밖에 없다. 문제는 집에서 새는 바가지가 밖에서도 샌다는 데 있다. 유럽 국방 관계자들과 함께하는 라운딩에서도 이 버릇이 나오자 네 번째 홀에서 같이 라운딩하던 유럽 고위 장교가 보따리를 주섬주섬 챙겼다. 그러고는 자기들 말로 무어라고 하면서 골프장을 떠났다는데, 나중에 그쪽 전속부관한테 들으니 이런 말이었다고 한다. "저 한국 친구와 라운딩을 하다가는 골프가 아닌 사냥하는 법을 익힐 것 같아. 그만두고 빨리 나가자." 당연히 이 고위 장교는 왜 그들이 떠났는지 모르고 중얼거렸다. "저 친구들, 저거 매너 없이 왜 가?"

돈 따는 골프를 하려는가. 그럼 타수에 신경 쓰지 마라. 오로지 돈만 생각하고 플레이해야 한다. 스트로크 플레이를 하려면 잔돈은 꼴아주고, 배판이나 큰돈 걸린 판에서 싹쓸이해야 한다. 타수를 줄이지 말고 결정적 순간에 한 방! 그래야 딴다. 좁쌀 백 번 구르는 것보다 호박 한 번 구르는 게 더 낫다는 뜻이다. 스킨스 게임을 할 때는 초장에 슬슬 꼴아주고 'OECD'(게임할 때 돈을 많이 먹는 사람을 빗댄 말)에 걸리지 말아야 한다. 후반부 가서 집중력을 발휘해 남들이 토해놓은 것까지 쓸어담을 줄 아는 술법이 필요한 것이다.

한 수 배우려 하는가. 그럼 훔쳐서 배워보라. 고수를 초빙해놓고 그를 이기겠다는 목표를 세우는 어리석음을 범하지 마라. 그저 그가 하는 스윙과 퍼팅을 유심히 지켜보라. 나와 다른 점이 무엇인지, 그가 왜 고수가 됐는지 알아채는 목표를 세워보라. 플레이는 오늘 하루만 하는 것이 아니기에 고수로부터 단 한 가지만 배워도 대단한 성공이다.

내 경우도 초보 시절 완전히 훔쳐서 배웠다. '백돌이'(스코어가 100 타 주변에서 머무는 사람)를 깨는 것을 최종 목표로 삼았고, 고수에게서 플레이 요령을 배우는 것을 중간 목표로 잡았다. 하수를 데리고 나가기

싫어하는 고수에게 알랑방귀 뀌어가며 배웠다. 목표가 분명했기에 내 스윙의 문제와 퍼트의 마음가짐 등을 훔쳐서 익히고 고쳤다. 하나를 배우면 그것을 내 것으로 만들기 위해 필드에서 직접 해보고 연습장에서 효율성을 점검했다.

또 다른 목표, 여자를 꾀려고 필드에 나가는가. 최종 목표가 여자 꾀기라면 필드에서의 매너와 호쾌한 드라이버 등에 중점을 두고 타수에는 신경 쓰지 마라. 재미있게 해주는 것이 목표라면 매 홀마다 야농(야한 농담)을 걸되 추하게 보이지 말 것이며, 그녀의 플레이를 도와줘라. 목표를 분명히 잡아야 어떻게든 성공한다.

상사와 플레이를 하며 그의 눈에 들길 원하는가. 아부가 목표라면 철저히 아부해야 한다. 플레이가 목표가 아니라 아부가 목표다. 아부임을 들키면 그건 아부가 아니다. 상사나 접대를 받는 자가 무슨 공을 치는지 미리 알아두고 그 공을 예비로 두세 개 준비하라. 오비가 나면 멀리건을 줄 게 아니라, 상사보다 먼저 그 지점으로 달려가 "햐,

아슬아슬하게 살았습니다" 하고 미리 준비한 공을 슬쩍 떨어뜨려라. 잘 맞은 공이 있으면 무지막지하게 칭찬하라. 어째 그리 잘하시느냐고. 못 맞은 공이 있으면 날씨 탓이나 페어웨이 탓을 하라. 당신 실력이 모자라서가 아니라는 점을 분명히 해주는 아부! 목표가 분명한 플레이다.

가르치려고 골프를 하는가. 시범을 보일 것이 아니라, 내 것을 훔쳐서 배우도록 가르쳐라. 시시콜콜 간섭하는 스타일의 스승은 절대 가르치지 못한다. 최선을 다해 신중하게 플레이하고, 그것을 보고 배우도록 말을 줄여라. 나인 홀을 다 돌고 난 다음 무엇을 보고 배웠느냐고 한마디만 던지면 목표 달성이다. 질문하면 답해주고 질문을 하지 않으면 지나쳐라.

골프 자체를 즐기려고 나왔는가. 그렇다면 묵언 상태로 골프하라. 불평하지도, 자랑하지도 말고 오직 골프 자체에만 집중하라. 걸으면서 공략법을 고민하고, 서서는

방향을 마음으로 그리고, 스윙 시에는 무념무상 타법으로,
퍼팅 시에는 천지가 뒤집혀도 모르게 집중하길.

목표를 분명히 하는 것이 인생에서든 골프에서든
자신만의 술법이요 비법이다. 시골 촌놈 장에 간다고,
그냥 따라나선다고 웃고 계시는가. 당신도 그런 사람임을
놓치고 있는데도? 전쟁에서든, 경쟁에서든 이기는 사람은
이기는 법을 안다. 원칙을 안다. 원칙 가운데 제 1 번,
목표를 분명히 하고 방법은 그에 따라 선택하라는 것이다.

Rounding is a War, Luck is 70% and Talent is 30%?
라운딩은 전쟁이거늘, 운칠기삼?

2012.12.17 867 호

골프병법 2

병법을 논함에 먼저 장수론을 들먹여보자. 명장(名將)은 모름지기 싸우는 방법을 알고 휘하 졸(卒)들을 운용할 줄 안다. 싸우는 방법을 더 많이 알려고 병서를 읽고 전쟁사를 공부하며 인간을 연구한다. 천기(天氣)를 읽고 지기(地氣)를 느끼며 인간을 탐색한다. 그래서 명장이란 소리를 듣는 사람에도 유형이 있다. 많이 들어본

소리겠지만 지장, 용장, 덕장 등등이 그러하다. 순서대로 격을 따지자면 용장이 하수요, 지장이 중수요, 덕장이 상수다.

그러나 뭐니 뭐니 해도 최고 장수는 운장(運將)이다. 관운장이 아니라 운이 많이 따르는 장수를 운장이라고 일컫는다. 다른 말로 '복 많은 장수'라고도 하는데, 실제 전장에서 복 많은 장수를 선발한 사례도 있었다. 19 세기 전쟁 당시 일본이 그러했다. 러·일전쟁 당시 소련과 한판 붙을 사령관을 뽑을 때 일왕이 직접 나섰는데, 대장 가운데 후보자 7 명을 추천 받아 누구를 선발할지 고민하는 국방장관에게 간단히 명령을 하달했다.

"후보자 7 명 가운데 가장 운 좋게 대장을 단 사람이 누구인가?" "도고 헤이하치로입니다." "그를 사령관으로 임명하라."

도고는 대마도 해협에서 여순함대를 박살냈는데, 일본 국민이 칭찬하며 영국 넬슨, 한국 이순신과 비교하자 이순신을 존경한다는 발언으로 잘 알려진 인물이다.

"나를 넬슨과 비교하면 받아들이겠으나 이순신에게는 턱도 없소. 이순신은 무에서 유를 창조한 반면, 넬슨은 유에서 유를 창조했기 때문이오."

어쨌든 그는 러시아 함대를 격파해 일본 군신(軍神)으로 추앙받았지만, 말년에 배에서 내리다 넘어져 허리를 다쳤고 죽을 때까지 휠체어 신세를 졌다. 군인이 전장에서 안 다치고 안전사고로 다쳤으니 그렇게 운이 좋은 사람만은 아니었나 보다.

운은 어떤 때 따라오는가. 어떤 사람을 운장이라고 부르는가. 감나무 밑에서 가만히 입만 벌리고 있으면 감이 입으로 들어오는 것이 운인가. '아니올시다'이다. 지독한 노력과 의지, 시기를 탈 줄 아는 감이 있어야 운도 따른다. 오는 것이 아니라 불러오는 것이다. 자신이 선택하고 노력해야 따라오는 것이다. 병법 원리에서 운을 불러오는 수단, 노력이 바로 정보의 원칙이다. 정보를 바탕으로 작전을 펼쳐야 운이 따른다. 무식하게 작전만 펼치는 사람을 용장이라 하는데, '삼국지'에 나오는 장비 같은 사람이 그런 유형이다.

세 가지 정보의 원칙

제갈량을 책사라고 부르는 이유는 정보의 원칙을 깨쳤기 때문이다. 기상을 알고 지형을 파악하며 심리를 간파해 그것에 맞는 작전을 펼치는 능력, 이것이 정보의 원칙이다. 소위 말하는 천지인(天地人)에 대한 술법을 알았기에 늘 이기는 전법을 쓴 것이다. 이 원칙은 사업, 스포츠, 골프 어디에든 통용된다. 인생 모든 것이 정보의 원칙에 기초해야 실패해도 재기할 기회가 주어진다. 모르면 당한다는 논리를 학문적 용어로 표현한 것이 바로 정보의 원칙이다.

정보의 원칙에서 알아야 할 세 가지는 기상, 지형, 적의 기도와 능력이다. 골프에 빗대면 날씨, 골프장, 동반자로 이해하는 것이 옳다. 첫째, 날씨를 어떤 정보로 이해해야 하는가. 계절별 날씨뿐 아니라, 당일 기압 흐름까지 알아야 진정한 명장이다. '기압이 낮다'는 것은 흐린 날씨에 대기 중 압력이 떨어졌다는 뜻이므로 비거리에 영향을 미친다. 여름 한낮의 땡볕에서는 기압이 높아 비거리가 10 야드 이상 더 나간다. 체공시간이 길어지고 공도 가볍게 느껴진다. 흐린 날씨에는 대기 중에 수분이 많아 공이 수분 저항을 받는다. 비거리가 줄어드는 것이다. 구름이 좀 끼고 맑은 날에는 인체 압력과 대기 중 압력이 조화를 이뤄 원하는 거리가 딱딱 나오는 경우가 많다.

인체의 경우 기압이 낮으면 상대적으로 밖으로 나가는 압력이 고통으로 다가오는데, 이를 신경통이라고 한다. 신경통 환자가 날씨 예보에 도사인 이유는 신경통이 기압의 영향을 받아서 그 느낌이 정확할 수밖에 없기 때문이다. 이를 기초로 골프에 대입해보면 인체 압력이 어떻게 느껴지냐에 따라 기상을 정보로서 활용할 수 있다.

둘째, 지형의 정보는 골프장 사정이다. 잔디와 그린 사정, 페어웨이의 땅 기질과 벙커 모래 질, 연못 위치 등 모든 땅의 성질을 정보로 미리 입력해놓아야 한다. 잔디라도 다 같은 잔디가 아니다. 양잔디, 토종 잔디, 미국 무슨 잔디 등

그 성질이 모두 다르다. 골프채로 잔디를 쓸어봤을 때
어떻게 빠져나가느냐가 중요한 변수다. 찍어 칠 것인가,
쓸어 칠 것인가 하는 문제는 러프의 풀 상태를 보고
골프채를 무엇으로 선택하느냐에 따라 결정된다. 풀 밑의
땅, 즉 디보트 자국을 보고 마른 땅이냐 젖은 땅이냐를
판단하면 디보트 공략법이 그려진다. 공을 찍을 것이냐,
공 뒤를 쓸어 칠 것이냐를 결정할 수 있다.

벙커 모래도 그 성질에 따라 공략법이 달라진다. 연하고
부드럽다면 모래와 함께 퍼 올리지만, 굵고 저항이 있는
모래라면 공만 퍼 올리는 기술을 구사해야 한다. 맨땅
같은 벙커도 있는데, 이때는 잔디에서와 같은 스윙을 해야
한다. 그린 상태는 말해 무엇하랴. 퍼팅의 두 가지, 즉
기울기와 속도는 땅 형태에 따라 감을 익힐 수밖에 없다.
두 번째 홀까지 그린 상태를 파악하지 못한다면 그날
경기는 끝이다. 여하튼 기상 다음의 지형을 한 번에
좌르륵 판단하는 정보의 원칙을 명심한다면 서너 타수는
분명히 줄어든다.

적의 기도와 능력을 아는 것, 이것이 정보의 세 번째 법칙이다. 적이라 하면 상대를 일컫지만 골프에서는 돈내기 할 때, 경기할 때 동반자를 뜻한다. 평소 타수는 어느 정도인지, 오늘은 컨디션이 어떤지, 어제 저녁에 뭘 했는지, 요즘 고민은 무엇인지 같은 기본 정보에서 시작해 의도를 파악하는 일에 노력을 기울여야 한다. 돈을 따려고 왔는지, 억지로 끌려왔는지, 핑곗거리를 찾으려 왔는지 등 상대방의 목적을 파악한 다음 슬슬 그에 맞는 작전을 구사하면 될 것이다.

공세의 원칙과 기동의 원칙은 무엇인가. 공세라고 하면 공격적이란 개념이 떠오르지만, 정확한 개념은 공격기세의 원칙이다. 즉, 자신이 잘될 때는 다른 잡념이 떠오르지 않도록 잘된다는 생각을 지속적으로 주지하고 유지하는 것이다. 불길한 예감은 언제나 들어맞는다. 모기 눈알만큼의 의심까지도 다 버리고 무조건 잘 맞는다는 기세를 유지하는 것이 공세의 법칙이다.

여기에 더해, 아무리 좋은 타수가 나와도 공격적으로 플레이하는 것이 중요하다. 연못 같은 걸림돌이 앞에 있어 투 온이냐, 스리 온이냐를 두고 갈등이 생기면 공격적인 쪽으로 결정하는 것이 좋다. 방어는 상황이 불리할 때 취하는 것이지, 유리할 때 취하는 방법이 아니다. 설령 공격적 플레이의 결과가 좋지 않더라도 공격적 자세를 습관화하는 것이 바람직하다.

좋은 예로, 제 1 차 세계대전에서 방어 작전으로 성공한 프랑스는 제 2 차 세계대전에서도 방어가 먼저라는 전략에 따라 마지노 장군의 건의대로 엄청난 방어선을 쌓았다. 마지노선이라고 부르는 방어선은 그야말로 철벽이었지만, 독일의 우회전략 한 방에 무너져버렸다. 옹졸한 판단 하나로 국가가 거덜 난 경우인데, 골프에서도 마찬가지다. 17 번 홀까지 파 플레이를 계속해 한 홀만 견디면 이븐이라는 생각에 안전전략으로 가보라. 보기가 나온다. 필자의 경우 최저타수가 2 언더였는데, 그날 전반 홀에서 1 언더 후반 16 번 홀까지 파였다. 동반자 대부분이 파만 계속해 언더파를 기록하라고 얘기했지만, 필자는 무시하고 공격적으로 나갔다. 17 번 롱 홀, 공격 기세를 유지하려고 세컨드 샷에서도 우드를 잡고 힘 있게 휘둘렀다. 투 온! 이글을 목표로 과감히 퍼팅해 집어넣었다. 그런데 3 언더 18 번 홀에서 소심하게 파만 하자고 맘먹은 순간 보기가 나왔다. 공격 기세를 유지하지 못했던 것이다. 닝기리! 전쟁사 전공으로 공세의 원칙을 아는 사람이 실전에서 움츠려들다니....

전진하고 또 전진하라

기동의 원칙은 전쟁과 집단 스포츠에서만 통용되는 것으로, 골프에서는 개념을 잡고 플레이하는 것이 원칙이다. 기동이란 말은 이동과 다른 개념이다. 원하는 장소, 결정적 장소에 자신, 또는 공을 위치시키는 것이 기동이다. 그냥 움직이는 것은 이동이고, 기동은 전술적 이동을 뜻한다. 골프 자체가 전진만 있고 후퇴가 없는 경기이기 때문에 그런 것이다. 간혹 뒤로 칠 때도 있는데, 이 경우 역시 자신이 원하는 장소에 공을 놓는다는 점에서 기동의 원칙에 해당된다. 드라이버를 어느 방향으로 쳐야 세컨드 샷을 하기 좋을지, 어프로치를 할 때 길게 할지 그린 앞에 놓을지 등을 선택해야 할 경우 기동의 원칙을 알면 문제는 간단히 해결된다. 다음 공격을 위해 유리한 장소를 어떻게 고르느냐로 선택하는 것이다. 전쟁 시 적의 앞길을 가로막는 이동, 이것이 기동이다. 가장 치기 좋은 장소에 공을 갖다놓는 기술, 이것이 기동이다.

인생에서든 골프에서든 전진하고 또 전진하라. 중간에 쉴 때는 작전을 짜고 목표를 바라보면서 자신에게 유리한 장소로 이동하라. 가는 길에 어떤 돌발 상황이 발생할지 예측하라. 하늘을 바라보며 허공에서 어떤 일이 일어날지 상상하고, 땅을 바라보며 자신이 디딜 장소를 파악하라. 선택, 결심, 움직임은 많이 알고 전진하는 데서 시작된다.

The Best Way to Win is to Enjoy It 즐기는 것이 이기는 최고의 병법

2012.12.24 868 호

골프병법 3

전쟁, 스포츠의 12 개 원칙을 한꺼번에 설명하려니 맞는 것도 있고 안 맞는 것도 있다. 골프가 스포츠라면 다 들어맞는 소리지만, 신선놀음이기 때문에 절반 정도만 맞다. 하나 인생에는 이게 다 들어맞는다. 삶 자체가 경쟁으로 시작해 적응으로 맺는 것인데, 이때 체험 자체가

소중하다. 체험을 통해 얻은 기억이 판단의 기초, 전진의
원동력이 되기 때문이다.

12개 원칙 가운데 4개는 지난 호에서 설명했다. 나머지
8개 원칙은 집중과 절약, 창의와 통일, 사기(士氣)와
간명이다. 목표의 원칙이 첫 번째고, 나머지는 이를
달성하는 수단이다. 그중 집중과 창의, 사기만 논하려
한다. 이 원칙들은 기업 경영과 인생에 다 통용되지만,
골프를 놀이로 설명하려면 이 3개 정도로 충분하기
때문이다.

먼저 집중의 원칙. 이 원칙은 말로는 쉽게 이해가 될
것이다. 하지만 전쟁에 빗대어 설명하면 느낌이 달라진다.
목표를 설정한 뒤 이를 달성하려면 병력, 장비, 군수물자
등 모든 수단을 그곳에 집중하라는 뜻이다. 정치인의 경우,
군사 목표 대신 정치적 목표를 꼬불쳐 두고 전쟁을
요리하는 사람이 있는데, 이것이 집중을 방해하곤 한다.
골프를 나갈 때 정치인과 같은 사람은 마누라나 직장상사,
거래처 갑 정도일 것이다. 아무리 목표를 혼란시키는

업무나 잔소리가 많아도 오로지 하나에만 집중하는 것, 이것이 비결이다. 골프가 안 되는 핑계가 108 가지라고 한다. 새로운 핑계가 하나 더 생겼다는데, "거 이상하게 안 되네"가 그것이다. 이상(異常)하게의 이상이란 무엇인가. 평상(平常)과 다르다는 뜻이다. 집중을 방해하는 요소가 있다는 것, 109 번째 핑계다. 어제 들은 110 번째 핑계가 또 있다.

"얌마, 너하고만 하면 안 돼."

모든 핑곗거리가 다 사라졌음에도 너하고만 하면 안 된다? 그 친구한테서 집중을 방해받는 요소가 나온다는 뜻이다.

고수끼리 경쟁에서 서로가 집중을 하지 못하도록 견제하는 말이 있다. 나 같은 경우도 한 번 걸렸는데, 질문이 상당히 수준급이다. "어이, 김 도사. 스윙할 때 호흡을 어떻게 하나? 내공을 축적하려면 호흡을 멈추라는데, 그게 맞나?" 단전호흡을 전공해 강의까지 하니 한 수 배우겠다는 질문인 줄 알았다. 나 자신도 스윙할 때 호흡을 멈추는지, 내뿜으며 후려치는지 궁금했다. 그걸 확인하느라 두 개 홀에서 연속 보기를 범했다. 아차, 당했다!

공을 찍어서 홀컵으로 화려한 초식

질문한 동반자에게 역습으로 대답했다. "호흡을 참고 있다가 맞는 순간 숨을 내뿜어 봐. 비거리 10 야드는 더 나간다네. 파가 왜 파인 줄 아나? 숨을 내뿜는 소리, '파하!'로 스윙하면 무의 세계로 간다고 해서 붙은 이름이야."

'구라'인 줄 모르고 열심히 따라하는 놈을 보고 속으로 웃었다. 짜식, 그렇게 백날 해봐라. 아니나 다를까, 안 하는 척하면서 실전에서 응용해보려다 그놈 역시 당했다. 집중이 될 리가 없는 것이다. 프로의 세계에서도 이 논리는 그대로 적용된다. 새가슴이라 불리던 최나연이 세계 정상에 오른 비결은 멘탈이다. 결국 집중의 원칙으로 멘탈을 깨우친 것이라고 본다.

창의의 원칙. 남이 하는 대로 따라하는 것은 대비할 방법과 시간이 충분하다. 전쟁 시 병법과 전쟁 논리를 교과서대로 딱 정해놓고 한다면, 적은 그 방법이 빤히 보여 이겨놓고 싸우는 셈이다. 이것을 역이용하는 것이 창의의 원칙이다. 예를 들어보자.

아마추어들이 흔히 하는 게임으로 스킨스 게임이 있다. 마지막 홀에서 주로 하는 방법이 딩동댕 게임이라고 해서 롱게스트, 퍼스트 온, 니어리스트, 홀컵 동! 등이 있다. 이 네 가지 다 돈 따먹기 게임이다. 여기서 재미있는 것이 마지막 퍼팅을 할 때 대부분 노터치 플레이라는 점. 손을 대거나 공을 닦아서도 안 되며 그린에 놓인 그대로 퍼팅하는 것이다. 홀컵 앞에 상대 공이 놓여 있어도 노터치다. 상대가 못 넣게 세게 쳐내는 수밖에 없다. 즉, 나도 못 먹고 상대도 못 먹게 하는 방법밖에 없는 것이다.

작년 여름, 선배 두 명과 라운딩을 하는 중에 이런 상황이 발생했다. 내가 친 공이 선배의 퍼팅 라인에 일직선으로 서 있고, 선배 공은 내 공 바로 뒤에 서 있어 직선상으로는 들어갈 수 없었다. 당구처럼 '오시'(공을 앞으로 똑바로 나가게 하는 기술)로 밀어도 내 공이 홀인되지 선배 공이 들어가는 경우는 없는 것이다.

모두 낄낄거리며 나에게 잘했다고 칭찬했는데, 아주 재미있는 일이 일어났다. 오른손으로 퍼팅하는 선배가 자세를 바꾸어 왼손 퍼팅 자세를 취한 것이다. '저게 무슨 술법이야' 하고 바라봤는데, 퍼트의 반대 부분, 끝이 바닥에 닿는 부분으로 공을 찍는 것이었다. 공이 붕 뜨더니, 내 공 위로 날아 굴러가는 것이다! 우와, 이런 신기한 초식이 있나. 내공은 없어도 초식은 화려하다더니.... 선배 공은 홀컵으로 굴러 들어갔다. 동!

주말 골퍼를 잡는 심리적 기습

의기양양해진 선배가 하는 말. "녀석아, 창의를 말만 하지 말고 적용해봐. 남들이 생각지도 못한 방법, 이게 창의야." 평소 관념과 생각이 완전히 뒤집어지는 것이 창의고,

퍼팅은 그린에서 굴러가는 것이라고만 생각했기에 어안이 벙벙했다. 히야, 그린에서도 찍어 치기가 되네.

사기의 원칙이야 두말할 필요가 있으랴. 누구든 신나게 싸우면 이긴다. 즐기는 골프가 바로 사기의 원칙이다. 이기려고 하지 말고 즐겨라! 그리고 무조건 재미있게 하라. 이긴다고 사기가 올라가는 것이 아니다. 져도 사기를 올리면 이긴다. 골프의 궁극적인 목적은 즐기는 것이다. 상대를 잘 치도록 도와주면 자신도 잘 치게 된다. 왜 싱글패 만들고 홀인원컵을 만들 때 동반자의 이름을 새기는가. 당신의 도움이 있었기에 내가 성취했다는 것을 길이 기념하기 위해서다. 잘 되게 서로 도와주는 것, 결국 인생에서든 골프에서든 즐기는 것만이 이길 수 있는 최고 술법인 것이다. 서로 사기를 올려가며 하는 경기, 다른 스포츠에 없는 골프만의 묘미인 것이다.

기습의 원칙. 적이 모르도록 하는 것이 아니라, 알고도 대처하기에 너무 늦은 시간대에 공격하는 것이 기습이다. 북한이 로켓을 발사한다는 사실을 빤히 알고서도 몇 가지기만술에 대처를 못한 것이 대표적인 예다. 소위 말하는 꼼수에 당한 것인데, 정법을 놔두고 꼼수를 부리는 경우는 위급할 때 쓰는 수법이다. 열세를 만회하기 위한 꼼수, 바로 기습이다.

하지만 고수일수록 일반적인 기습 방법을 사용하지 않는다. 바로 심리적 기습! 충격을 받아 몸이 굳게 만드는 술법이다. 마음의 준비가 되지 않은 상태에서 바로 실전에 들어가게 만들고, 준비할 시간적 여유가 없도록 밀어붙이는 것이 바로 심리적 기습인 것이다.

반드시 이겨야 할 상대가 있으면 하루 전에 초청하라. 주말 골퍼가 미리 준비할 마음의 여유를 뺏는 것이 기습이다. 첫 번째 홀부터 내기를 하라. 나는 준비가 돼 있는 반면, 상대는 으레 첫 번째 홀은 화면 조정시간이라고 생각해서 방심하고 있게 마련이다. 간단하게 한마디 말로 기습하라. "뒤 팀 빨리 온다" "얼른 퍼팅해" "라이가 약간 굽었네" 등 도와주는 척하며 심리를 흔들어라. 꼼수지만 한 번쯤 써먹을 데가 있을 것이다.

인생에서 모든 일은 돕고 **뺏고** 하면서 함께 경험하는 것이다. 경험의 목표는 곧 기억에 남기는 것이다. 기억은 영혼의 성장 재료가 된다. 재료를 풍부하게 남기면 그만큼 빨리 성장한다. 기억에 새길 레코드판, 아카식 레코드라고 한다. 인도 아유베다 철학에서 나온 용어다. 골프가 끝난 뒤 기록은 스코어 카드다. 인생의 기록은 아카식 레코드다. 무엇을 당신의 영혼 기록에 남길 텐가. 병법과 처세술의 관계를 숙고해보면 답이 나올 것이다.

The Art of War on the Field 필드의 손자병법

2012.12.31 869 호

손자? 아들의 아들이 아니다. 중국의 유명 병법가다. 임금이 궁녀를 훈련하라고 하자, 임금의 애첩 목을 단칼에 베어버린 용감한 남자다. 미국 사관학교에서까지 그의 병법을 가르친다. 단순한 전쟁 지침서가 아닌, 깊은 동양철학을 바탕으로 한 인간 처세술까지 포함하는 고전의 진수이기 때문이다. "싸워서 이기는 병신이 되지 말고 이겨놓고 싸우는 명장이 돼라" "싸우지 않고 이기는 것이 최선의 전쟁이다" 등 불후의 명언을 남겼다. 그가 남긴 손자병법을 간단하게 요약해보자.

'전쟁을 하기 전에 계획하라'는 시계편(제 1 편), '전쟁은 오래 끌지 말고 빨리 끝내라'는 작전편(제 2 편), '적을 알고 나를 알면 백 번 싸워도 위태롭지 않다'는 모공편(제 3 편), '이길 수 있는 형세를 갖춰라'는 군형편(제 4 편), '한꺼번에 쏟아질 듯한 기세를 유지하라'는 병세편(제 5 편), '실을 피하고 허를 공격하라'는 허실편(제 6 편), '승리 조건을 갖춰라'는 군쟁편(제 7 편), '상황에 따라 변화하라'는 구변편(제 8 편), '적의 형세를 살펴라'는 행군편(제 9 편), '지형을 이용하라'는 지형편(제 10 편), '지형에 따라 전술을 바꿔라'는 구지편(제 11 편), '불로 공격하라'는 화공편(제 12 편), '첩자를 활용하라'는 용간편(제 13 편) 에 나온다.

여기에 전쟁이란 용어 대신 골프라는 용어를 대입해보라. 하나도 틀린 말이 없다. 적이란 말 대신 지형과 기상이란 말로 바꿔보라. 다 맞다. 화공편에서 '불로 공격하라'는 말은 '화끈하게 공격적'이란 말과 동의어다. 첩자라는 말 대신 정보라는 말을 넣어보라.

골프를 하기 전에 계획하라. 이는 골프장과 동반자, 지형과 기상을 감안해 어떻게 즐길지를 머리로 그리는 것이다. 특히 처음 가보는 골프장의 경우 계획은 필수다. 골프는 몸으로 치는 것이 아니라 머리로 친다는 철학을 가진 친구가 있다. 이 녀석의 특기는 운동 전 모든 상황을 머리에 그리고 이를 메모해 각 홀의 특성과 공략법까지 예습하고 나온다는 것이다.

전쟁 용어 대신 골프 용어 대입

골프장에는 늘 한 시간 전에 도착한다. 옷을 갈아입고는 30 분 동안 어떻게 할 것인지 계획을 짠다. '핸디캡 1 번 홀은 어딘가' '그린 상태는 어떤가' '벙커 밀도는?' '페어웨이에서 공략할 지점은?' 등 그 나름대로 정보 요소를 점검한 다음, 자기 컨디션을 확인하는 걸로 그날의 목표를 세운다. 그러고는 3 번 홀까지 묵묵히 점검한 내용을 몸으로 기억한다.

처음에는 그저 그 나름의 골프 습성이거니 했는데, 희한하게도 일상에서의 습관까지 이 모습을 유지한다. 잘 모르다가 함께 고스톱을 쳐보고야 알았다. 내가 하도 고스톱을 못 치니까 그 친구가 자신만의 비법을 알려줬다. "저놈은 피부터 먹는다" "저놈은 패가 안 좋으면 무릎을 떠는 습관이 있다" "저놈은 작은 걸 꼴아주고 큰 판에서는 무자비하게 '스리 고'를 부르는 놈이다".... 판 전체를 읽고 분석해 제 나름대로 작전을 세워야만 이길 수 있다고 했다.

가만히 듣다가 그 친구의 골프 습관을 떠올려봤더니, 손자가 말한 병법을 그대로 실행하는 것이 아닌가. 각 홀마다 세컨샷 지점을 미리 정해놓고 티샷을 하는 것은 물론, 절대 욕심 내지 않고 안전하게 공략한다. 핸디캡 1번 홀에서는 무조건 보기를 하고, 동반자의 습성을 미리 알아 조언하든지 아니면 심리전을 쓰든지 한다. 그리고 마지막에 하는 말이 아주 명언이다.

"김 도사, 게임은 이기려고 계획하는 것이지, 계획을 실천하려고 하는 게 아니야. 무식한 친구는 계획 자체에만 매달려 전체 판을 그르친다네. 언제든지 수정 가능한 계획을 세워서 해보는 것, 이게 골프에서나 인생에서나 답이야."

군에서야 별 두 개로 끝난 친구였지만 인생에서는 반드시 성공하리라는 확신이 들었다.

두 번째, 전쟁이든 골프든 오래 끌지 말고 빨리 끝내라. 이것은 집중과 이완의 법칙이다. 동반자 중에는 지연플레이의 대명사가 있는가 하면, 설렁설렁 치는 녀석도 있다. 지연플레이하는 친구와 라운딩을 하는 날은 거의 대부분 플레이를 망친다. 연습 스윙 대여섯 번 하는 건 그렇다 쳐도, 자세를 잡았다가 다시 풀고 연습 스윙을 또 두어 번 한다. 그러고는 다시 자세 잡고 가만히 생각하는 것이다. 10 여 초 자세만 잡고 있는 놈을 생각해보라. 숨이 턱턱 막힌다. 치겠지, 치겠지 하다가 지켜보는 사람이 지쳐버리는 것이다.

몇몇 친구는 지연플레이를 하는 친구와는 아예 라운딩을 하지 않는다. 약속했다가도 그녀석이 나온다는 얘기가 돌면 아예 취소해버리는 것이다. 말로는 절대 고쳐지지 않는 습성이라, 한 번은 안 되겠다 싶어 아예 그날 라운딩은 망치기로 작정하고 다른 동반자에게 양해를 구했다.

"내가 오늘 저놈보다 더 지연플레이를 할 테니 그런 줄 알아. 오늘 저놈 버릇을 확실하게 고쳐주자고. 늑장플레이가 어떤 건지 몸으로 깨닫게 해줄 테니, 그 대신 너희는 빨리 쳐라. 스코어는 불문이다."

하여 그날은 내가 그 녀석보다 더 느릿느릿 플레이를 했다. 가만히 지켜보고 있다가 그놈 연습스윙 숫자를 세고는 그보다 두어 번 더 연습했다. 자세 잡고 10 여 초 가만히 있으면 나는 15 초 정도를 지연했다. 녀석이 느릿하게 따라오면 더 천천히 걸었다. 동작 풀고 다시 어드레스를 취하면 내가 그보다 한 번 더했다. 이렇게 9 홀을 다 돌자 녀석이 엄청 짜증을 내기 시작했다. 아예 골프가 안 되니 그럴 수밖에! 지연플레이는 상대가 더 늑장을 부리면 고쳐진다는 진리를 그날 터득했다. 그다음부터 녀석은

늑장을 부리지 않으려고 무지 애쓴다. 스코어는 잃어도 동반자는 구한 셈이다.

한데 집중하지 않고 설렁설렁 치는 친구는 구태여 고쳐줄 필요가 없다. 직장이 갑이어서 접대골프만 받는 녀석이라 못된 버릇, 그중에서도 대충 쳐도 알아서 잡아주는 스코어 때문에 그렇게 습관이 든 것이다. 남에게 피해를 주지 않기에 평생 그렇게 살아도 누가 뭐라고 할 사람이 없다. 문제는 골프 습관이 처세술 습관으로 이어져 직장을 그만둔 후에도 다른 일자리가 안 생긴다. 연금으로만 살아가는 '연금 푸어' 인생이 돼버린 것이다. 무엇이든 오래 끌면 이겨도 이긴 것이 아니다. 생선은 석쇠가 불에 잘 달구어졌을 때 구워야지, 오래 두면 타든가 녹든가 둘 중 하나다.

세 번째, 지피지기(知彼知己)면 백전불태(百戰不殆)다. 이것은 '주간동아' 866 호에도 소개한 클라우제비츠의 전쟁 원칙 가운데 정보의 원칙을 뜻한다. 한 번 언급한 것이므로 사족이 필요치 않다. 하지만 여기서 알아야 할 상식 하나. 보통 이 문구를 인용할 때 백전백승이라고 하지만 실은 백전불태, 즉 백 번을 싸워 이기는 것이 아닌, 위험하지 않다는 뜻이다. 이기고 지는 문제가 아닌 위태롭게 해서 재기 불능 상태에 빠지지 않는다는 뜻이므로 무식함을 드러내지 않길 바란다.

네 번째, 이길 수 있는 형세를 갖춰야 한다. 백 번 지당한 말씀으로, 머리로는 이해가 되지만 실행하는 데는 실감이 나지 않을 것이다. 형세란 무엇인가. 잠재된 에너지의 응축된 힘을 말한다. 터뜨리지는 않았으되 터뜨리면 무서울 것 같은 무언의 힘, 이것이 형세다. 손자가 말하길, 산꼭대기에서 큰 바위가 굴러떨어지기 직전의 상태가 형세다. 상대가 보기만 해도 질려버리는 상태, 이것이 형세다.

지피지기면 백전불태

골프에서의 형세란 무엇인가. 그 어떤 위험한 상황에서도 흔들리지 않는 마음 상태를 말한다. 실수한 다음에도 내면

에너지가 흔들리지 않는 자신만의 상태를 말하는 것이다. 자랑 같지만, 내가 하도 잘 친다는 소문이 돌아 동기생의 부인이 도전을 해왔다. 그녀는 골프에 대해서만은 자신도 도사 소리를 듣는다면서, 도사끼리 한판 붙자며 도전장을 던졌다. 재미있게 라운딩을 했는데, 식사자리에서 이렇게 실토했다.

"질려버렸어요. 아무리 미스샷이 나와도 흔들리지 않는 마음에. 분명 '쪼루'가 나서 보기를 하겠다고 생각했는데, 그래도 그린 온을 노리지 않고 그린 근처에 갖다놓는 것, 그리고 어프로치를 신경 써서 붙여 파를 하는 데는 할 말이 없었습니다. 졌습니다. 그리고 잘 배웠습니다."

형세란 내 마음의 기세다. 18홀 내내 샷이 계속 잘 될 리 없다. 아무리 프로라 해도 10% 미스샷은 꼭 나온다. 이길 수 있는 기세란 미스샷 상태에서도 흔들리지 않고 잠재된 에너지를 뿜어내는 것이다. 마음이란 몸의 보이지 않는 부분이고 몸은 마음의 보이는 부분이다. 둘 다 서로에게 영향을 미친다. 유식하게 말하면 교호결합 상태인 것이다.

표면의 생각은 이긴다고 해놓고 본심으로 불안해하면 기세가 졸아들어버린다. 인생이나 골프나 같다. 잠재적 에너지는 나 자신이 만든다는 사실을 숙고하고 숙고하길.

Secret to Becoming a Master Hand, Trick and

Master 고수가 되는 비결, 꼼수와 스승

2013.05.20 888 호

골프를 잘하는 10 가지 비결
Top 10 Secrets for Good Golfing

시작은 교과서적으로,

원칙을 알고부터는 꼼수로,

창의적이라 하는 것은

나만의 주체타법을 완성했을 때 이야기입니다.

인생이나 골프나 요행 바라지 마라

골프 잘하는 10 가지 비결

중국 고사에 나오는 이야기다. 어느 지방 태수가 유명한 도인을 찾아가 건강하게 오래 사는 비결을 물었다. 당신은 100 세가 넘어서도 정정한데, 왜 우리는 80 도 안 돼 골골하다 갑니까? 대답인즉, 착하게 사는 것이 비결이라오. 아니, 그건 세 살짜리 어린애도 아는 일인데, 그걸 어찌 비결이라고 하는 것이오? 당연한 질문이지만 너무 당연한 대답을 했다. 허허, 아는 것과 행동하는 것은 다르오. 그래, 당신은 알고 행동합니까?

미국의 유명 골퍼 중 레이먼드 플로이드란 친구가 있다. 젊었을 때는 물론이고 50 세가 넘어서도 시니어 대회에서 우승하는 등 한 시대를 풍미한 유명한 프로 골퍼였기에 그에게 골프를 배우려는 초보자가 많았다. 그가 제자들에게 늘 하는 말이 "골프를 잘하는 10 가지 비결을 숙지하고 그대로 행동하라"였다. 아는 것과 행동하는 것이 늘 하나가 돼야 자신만의 골프세계를 구축할 수 있다는 얘기다. 그는 아는 것이 기초가 돼야 하지만, 아는 것을 행하는 것이 비결 중 비결이라고 강조했다.

동서양 가릴 것 없이 사람이 어떤 목표를 정해놓고 일정 수준까지 오르려 한다면 아는 것보다 행하는 것이 중요하다고 강조한다. 오늘은 플로이드가 제창한 10가지 비결을 알아보기로 하자. 아무리 좋은 비결을 가르쳐줘도 행하지 않으면 쓸모없으니, 한 번 알고 나면 반드시 행하겠다고 결심할 것을 부탁한다.

1. 되도록 의미 있는 경기를 하거나 내기골프를 해 자신의 약점을 파악할 것

의미 있는 경기란 대회나 비중 있는 게임을 말한다. 요즘은 아마추어 대회도 많다. 동창끼리, 클럽끼리, 모임끼리 행하는 것이다. 나 같은 경우는 비슷한 수준의 친구 8명을 모아 팀별로 100만 원씩 걸고 시합을 한다. 한 달 전 약속을 정해놓으면 바람이 불기 시작한다. 이런 식으로 의미를 부여해놓고 시합을 한번 해보면 나의 약점이 잡힌다. 멘털은 언제 붕괴되는지, 어떤 때 긴장해 내 샷이 나오지 않는지 등을 알 수 있다. 나 자신을 알면 등업(等 up)이 되는 것은 시간문제다.

2. 라운딩 중에는 골프는 게임일 뿐이라는, 승패를 초월하는 마음을 가질 것

아무리 성인군자인 척해도 의미 있는 경기를 하다 보면 자신에게 지는 경우가 많다. 어떤 대상에게 짜증을 내는 것이 아니라 자기 자신에게 화를 내는 것이다. 미스 샷이 나와도 바로 극복할 수 있으려면 '이건 그냥 게임일 뿐이야'라는 자신과의 대화가 중요하다. 그냥 초월하라. 골프는 신선이 되는 운동이다.

3. 패했을 경우 집중 연습으로 약점을 극복할 것

18 홀 중 집중력을 잃어버린 홀은 몇 홀인지, 왜 그랬는지를 복습하다 보면 미스 샷에 대한 원인이 밝혀진다. 대부분 멘털 붕괴 상태지만, 원인을 알면 다음에 똑같은 상황에 처했을 때 근육에 저장된 복습 기억이 실수를 줄이게 해준다.

4. 라운딩 중 예기치 않은 일이 일어난다는 사실을 염두에 둘 것

18 홀 내내 자기 의도대로 된다면 골프가 재미없다. 다시는 골프채를 잡지 않을 것이다. 힘든 상황이 연출되기 때문에 골프가 재미있는 것이다. 그러니 예기치 않은 OB(Out of Bound)나 쪼루, 해저드 등이 나타나면 당당히 맞아야 한다. "음, 이런 것 때문에 골프가 재미있지" 하면서.

5. 상대와 경쟁하지 말고 스코어와 경쟁할 것

내기골프를 하는데 배판에 상대에게 버디 기회가 왔다. 상대 공이 홀에 들어가지 말라고 주문을 외우고 저주를 퍼부으면 누가 손해를 보는가. 당연히 나 자신이 당한다. 상대에게 피를 뿜으려면 내 입안 가득 피를 머금어야 한다. 상대 공이 잘 들어가기를 빌어주면(물론 진심으로) 자신의 뇌파가 스스로에게 잘되라고 힘을 실어준다.

6. 어떠한 샷이든 요행을 바라지 말고 자기 능력대로 할 것

초보는 100 타 가운데 잘된 샷 하나만 기억하고, 고수는 잘못된 샷만 기억한다. 하수일수록 잘 맞은 하나만 기억해 다 잘되겠지 하면서 무리하게 친다. 우드가 안 되는데도 아이언 잡을 생각은 않고 우드만 고집하는 사람이라면 자기 능력을 모르는 요행주의자다. 실패가 실패를 부르는 이유는 의도와 능력의 차이를 모르기 때문이다. 자신의 한계를 인정하는 대범함이 업그레이드 요령이다.

7. 지나간 홀, 지나간 샷은 지우개로 빨리 지울 것

과거를 기억하면 기억은 에너지가 돼 현재를 움직인다. 충격적인 사건을 떠올리면 몸이 반응한다는 원리는 골프에서도 그대로 통용된다. 지나간 미스 샷을 떠올릴수록 몸이 굳게 마련이다. 에이, 쓰파 소리가 나오는 순간, 머릿속에 상상의 지우개를 넣어 싸악 지워버리는 습관이 중요하다. 인생이든 골프든 언제나 염두에 둘 사항은 '나우 앤드 히어(Now and Here)'다. 바로 지금 이것이 인생의 전부다.

8. 마지막 서너 홀 남았을 때 반드시 이긴다고 다시 한 번 다짐할 것

경쟁이나 비즈니스에서, 혹은 중요한 경기에서 뒷심 부족으로 졌다는 말이 심심치 않게 들린다. 긴장의 집중도가 떨어질 때 지는 것이다. 골프의 경우 마지막 서너 홀에서 무너지는 경우가 허다하다. 마지막 서너 홀에서는 정신집중, 숨 한 번 크게 들이쉬고 아랫배에 힘을 모아 다시 시작한다는 각오를 다지면서 집중하는 것이 승리 비결이다.

9. 항상 일정한 속도로 보행하고, 스윙 리듬도 그에 맞출 것

골프는 리듬이라는 말을 누누이 들었을 것이다. 어드레스가 처음이면서 70%고, 리듬이 마지막이면서

30%다. 편안한 리듬은 일정한 스코어를 유지한다. 달리다 걷다 쉬다 하면 리듬이 깨진다. '그늘집과 돈의 공통점은 먹고 난 다음 조심해야 한다는 것'이라는 골프 격언이 있다. 리듬을 깨지 말라는 얘기다.

10. 연습할 때도 그 나름의 중압감을 부여할 것

설렁설렁 공 한 상자 쳤다고 연습이 되는가. 공 한 개를 쳐도 이건 1만 원짜리 내기에 버디를 만들 기회라고 생각하면서 신중하게 쳐보길 권한다. 어프로치 연습 때도 딱 붙인다는 생각보다 집어넣는다, 그래야 버디다 하고 상상하면서 연습해보라. 일반적인 몸 운동식 스윙은 별로 도움이 되지 않는다. 신중하게 중압감을 불어넣으면 연습 효과가 배가된다.

이상 10가지 비결은 골프에만 해당하는 게 아니다. 골프를 인생으로 바꿔도 그대로 통용된다. 자신의 강점과 약점을 알고 인생을 살아간다면, 인생은 거대한

연극무대일 뿐이고 나는 배역을 맡은 배우라고
자각한다면, 인생에는 예기치 않은 일이 언제나
일어난다는 사실을 안다면, 자신의 능력을 인정하고
의도를 욕심으로 바꾸지 않고 요행을 바라지 않는다면,
늙어서도 집중력을 잃지 않는다면....

마침 이 글을 쓰는 중에 청와대 대변인의 성 추문
사건으로 난리가 났다. 작은 그릇에 큰 물건을 담으면
깨지게 마련이다. 그릇이 작은 자가 능력 밖의 자리에
앉으면 언제든 이런 사건이 터진다. 패가망신하는 것이다.
김정은, 김학의, 윤창중 등 사건 중심에 선 사람들에게
골프의 10 가지 비결 중 6 번째 비결을 반드시 들려주고
싶다. 나 자신의 능력을 알고 요행을 바라지 마라. 모든
인간은 완전하면서도 불완전을 경험하는 존재다.

**Anyone can be a teacher in life. 인생에서 스승이 아닌
사람은 없다**

나는 골프친구가 참 많은 편이다. 대한민국에서
골프사관학교라고 부르는 국방대학에서 1년 만에 소위
말하는 싱글에 진입했다. 그러다 보니 육·해·공군 장교가
거의 골프친구고, 대학에서 어쭙잖게 강의를 하다 보니
교수 그룹이 또 한편의 친구들이다. 도를 특기와 취미로
삼다 보니 도반들과도 라운딩을 즐긴다.

아파트 이웃도 한 팀이 되어 즐기니, 그야말로 동반자가

없어서 못 칠 일은 없고, 어느 팀에서든 불러주니 가히 골프 신이다. 기량이 신이 아니라 즐기는 데 만큼은 신이라는 말이다. 장교 그룹, 학자 그룹, 도반 그룹을 번갈아가며 천지자연을 논하고 도담(道談)을 나누며 학문적 담소도 나누는 복 받은 사람이다. 회원권은 없지만 아무 때나 불러줘 불백이라고도 불린다. '불러주는 백수'라는 뜻이다. 옛날에는 '불쌍한 백수'라는 뜻도 있었지만.

인간사 많은 모임이 있지만, 골프친구야말로 지지고 볶고 해도 진정한 친구 사이이다. 직업별로 각자의 특성도 지녀서 상대를 연구하고 그가 가진 구실을 아는 것도 참 재미있다.

옛날 도사들은 도를 터득하고 난 다음 '보림'이라고 해서 천하를 방랑하며 사람들과 친분을 쌓았지만, 요즘 도사들은 골프로 보림하는 것이 아닐까 싶을 정도로 다양한 인품들을 만난다. 그들을 만나는 첫째 조건은 동반자를 하늘로 섬기겠다는 스스로의 다짐이다. 골프를 잘 못 치는 친구에게 던지는 한 마디의 조언, 잘 치는 친구에게 보내는 한 마디의 부러움이 골프를 즐기는 사람의 기를 살린다. 그래서 열심히 구라치고 야한 농담을 던지며 하나라도 재미있게 해주는 구실, 바로 골신 또는 불백이라고 불리는 내공의 힘이다.

여기까지 온 가장 큰 원동력은 뭐니 뭐니 해도 골프 입문에서부터 정상까지 차례대로 계단을 오르게 해준 스승들이다. 처음 배우는 사람에게는 당연히 코치가 있다. 레슨비를 지불해가며 고수에게 배우려고 열심히 스승을 찾는다. 그리고 연습장에 가보면 나보다 한 수만 높아도 코치를 해주려 한다. 그리고 보기플레이어는 자기만의 노하우가 대단한 양 가르치고 싶어 안달이다. 연습장에서 제일 시끄러운 사람이 보기플레이어라는 속설이 어느 정도 일리가 있다. 하지만 옛날 우리 선인은 뭔가를 처음 시작할 때 좋은 스승을 만나게 해달라고 백일기도를 드렸다. 그만큼 스승이 중요하기 때문이다.

스승이란 무엇인가. 그냥 기량만 전수해주면 선생에

지나지 않는다. 나보다 먼저 입문해 길을 알기에 그 길을 가르쳐주는 사람은 선생이라고 부른다. 가치와 철학, 행동을 전수해줘야만 스승 자격이 있다.

처음 국방대학에서 골프채를 잡기 전, 누구를 스승으로 둘지가 고민이었다. 연습장에 상주하는 일반적인 코치 정도로는 1년 만에 싱글이 되겠다는 목표에 도달하지 못하겠다 싶어 동료 가운데 고수를 찾았다. 특히 공군 조종사는 대부분이 싱글이라, 그들 중 한 명을 유심히 살핀 후 제자를 자청했다. "내 사부가 좀 돼달라"고. 사관학교로 따지면 1년 후배였는데, 흔쾌히 승낙했다. 이전에 내가 도에 입문할 때는 12년이나 어린 후배에게 무릎 꿇고 사부로 모셨다. 그러니 1년 후배를 모시는 데는 아무런 문제가 없었다.

한데 이 공군 조종사 사부, 진짜 스승이었다. "선배, 진짜 내가 시키는 대로만 할 거지요? 안 그러면 안 가르쳐줘요." 진정 그렇겠다고 약속한 후 고물 골프채를 하나 얻어들고 연습장에 갔다. 그립 잡는 법, 공이 맞는 과학 등을 10여

분간 설명한 다음 "지금부터 한 달간 찍는 법만 합니다. 절대 스윙하지 마세요"라고 단단히 주의를 줬다.

시키는 대로 하루 오전, 오후 두 상자씩 찍는 법만 하는데, 일주일을 하니까 정말 지겨웠다. 하소연을 하면 매몰찬 대답이 돌아왔다. "그럼 그만두세요." 쪽팔리기도 하고 무안하기도 해서 "에라, 진짜 시키는 대로만 하자"라며 참고 열심히 찍었다. 한 달 정도 지나니까 그때서야 하프스윙으로 찍어보라고 했다. 정말이지 잘 날아갔다. "일주일 동안 하프스윙만 하세요." 하루만 해도 무척 잘 날아가는데, 일주일씩이나? 그래도 기왕 사부로 모신 터라 시키는 대로 했다.

그 이후 스윙 기본을 배우는 데 한 달이 걸렸다. 두 달 후에는 드라이버를 배우고 일주일간 퍼팅을 연습했다. 다행히 무도 고단자라 신체리듬이 좋아 빠른 속도로 감을 잡았다. 실전에서도 무척 잘할 수 있을 것 같아 졸랐다. 머리 얹어주십사 하고.

머리 얹는 날, 진짜 사부를 또 한 명 만났다. 해군 헬기 조종사인 동기가 동반자를 자청했다. 그리고 장갑과 모자를 주면서 하는 말이 "오늘 제대로 배우지 못하면 평생 악습이 계속되니 각오 단단히 해라". 그 말이 무슨 뜻인지 몰랐고, 시작과 동시에 혼쭐이 나기 시작했다.

"야! 뛰어. 야, 이 신발넘아, 그린 밟으면 죽어. 이 개××비켜서. 저 신발넘이, 공 앞에 가 있으면 네 부조금 낸다. 퍼팅할 때 입 안 다무나, 이 C8넘아...."

한 홀에서만 들은 욕이 10년 동안 들었던 욕보다 더 많았다. 그리고 그 욕은 골프를 칠 때마다 귀에서 뱅뱅돌아 이후부터 '매너' 김이라는 소리를 듣는 원동력이 됐다. 몇 타를 쳤는지, 어떻게 라운딩을 끝냈는지는 모르고 오직 욕만 기억에 남았다.

나이 40이 다 돼 험한 말을 들으니 "저 새끼가 평소 육군에 감정이 엄청 많았나 보다" 했지만, 그게 아니었다. 저녁을 먹으며 동반자인 두 사부가 해준 말을 지금도 잊을 수 없다. "골프는 남을 잘되게 하는 운동이다. 나 자신과의 싸움은 나중 일이고, 어쨌든 동반자가 잘 치도록 도와주는 것이다. 이 하나만 갖추면 다른 매너는 따로 배울 필요가 없다." "지금부터는 남에게 가르쳐달라고 매달리지 마라. 오직 혼자 터득해나가는 것이다. 진짜 아쉬울 때 하나만 묻고 그걸 내 것으로 만들어라. 스승이 가진 방법은 스승 것이지, 내 것이 아니기 때문이다."

2월 처음 골프채를 잡았고, 그해 11월 싱글을 했다. 빠른 진척이 자랑스러운 게 아니라, 기초의 중요성과 아래에서부터 위로 올라가야 한다는 진리를 일깨워준 스승이 있었기에 가능한 일이었다고 생각한다. 그리고 좋은 말과 소곤소곤 가르치는 방법만이 능사가 아니라, 지독한 욕과 인격 모독을 가하는 충격요법 역시 하나의 길이라는 사실을 알았다. 도중에 동료 고수들이 돈내기를 하면서 하나도 봐주지 않고 지갑을 싹쓸이해간 것도 충격요법이었다. 한 달 용돈을 모조리 털리고 이를 박박 갈며 밤새도록 연습장에 머문 것은 보조요법이기도 했다. 그들 또한 중요한 스승이었음을 부인하지 않는다.

어찌 골프뿐이랴. 인생에서는 스승 아닌 사람이 없다.

잘되라고 도와주는 사람만이 스승이 아니다. 시기하고 질투해 욕하는 사람이 정말 훌륭한 스승이다. 인간의 기본적인 욕망을 컨트롤해 가르쳐주는 스승, 말 한 마디로 기를 살려주는 스승, 사기를 치고 도망간 놈이 가르쳐준 내 욕심 보기, 직장 승진 경쟁에서 낙오한 이후 얻은 인생의 지혜.... 이 모든 것을 가르쳐준 동반자 모두가 스승이었다. 나중에 어느 정도 도인 반열에 오른 이후부터는 나 자신이 스승이요, 학생이요, 법제가이자 심판자라는 사실을 알았지만, 거기까지 오르는 과정에서 만난 모두가 스승이었음을 어찌 부인하랴.

살아가면서 얻는 모든 경험이 인생사다. 잘되는 법만 있는 인생은 인생이 아니다. 마치 연속극에 클라이맥스만 존재하면 연속극이 아니듯, 존재하는 모든 것이 내 스승이다. 그 스승들에게 다시 한 번 감사드린다.

Bet on golf, play well for a day and feel down 내기골프, 하루 잘 놀고 기분 잡칠라

2013.04.08 882 호

드디어 시즌이 시작됐다. 혹독한 추위에서 스크린을 위안 삼아 갈고닦은 실력을 선보일 시기가 왔다는 말씀이다. 잔디는 아직 노래도 휘두르는 통쾌함은 푸른 잔디 못지않다. 응어리진 공격 본성이 시원하게 분출되는 골프의 진면목을 한껏 즐길 시즌이다.

나 같은 골선(골프의 신선)은 시즌 적응을 위해 전지훈련을 간다. 2 월 말부터 닷새간 말레이시아 쿠알라룸푸르에서 샷을 가다듬었다. 시즌을 잘 보내려면 푸른 잔디와 따뜻한 계절을 미리 맛봐야 하기 때문이다. 또한 일주일 정도 매일 라운딩을 해야 감도 살아난다.

날씨는 돈을 주고 못 사기에 비행기 타고 날아가서 따뜻함을 익혔다. 하여간 말레이시아 골프장 가운데 가장 좋다는 곳만 골라 다녔는데, 원숭이와 독사가 자주 나온다는 사우자나 골프·컨트리클럽이 특히 좋았다. 어렵기도 하거니와 처음 가는 곳이라 타수가 영 말이 아니었다. 처음 가는 골프장은 그곳 토지신이 제물을 요구하는데, 보통 공 대여섯 개로 대신한다.

내 핸디캡보다 5타 정도 더 나올 것을 각오했으나 그보다 더 나왔다. 겨우내 굳은 몸이 다시 골프에 적응하는 데 어려움이 있었던 게 주원인이지만, 내기를 하지 않은 것도 이유 가운데 하나다. 집중의 묘미 없이 경치만 감상하다 보니 그리 됐다는 게 내 나름의 분석이다.

내기 골프는 왜 하는가. 일반인은 내기를 해야 집중력을 발휘한다. 내면에 잠재된 생존 본능이 돈이라는 수단으로 드러나기 때문에 푼돈이라도 지갑에서 나가면 기분 나쁘다. 그래서 집중력을 발휘하는 계기가 되지만, 아쉽게도 과하면 게도 구럭도 다 잃기 십상이다. 어떤 식으로 내기를 해야 집중력을 더 발휘하고 더하여 친구끼리, 또는 모르는 사람끼리도 즐겁게 라운딩을 할 수 있을까. 내기 골프를 할 때의 처신 요령과 인간성을 좋게 보이게 하는 방법을 제시해보고자 한다.

내 안의 생존 본능 집중력 극대화

먼저 스트로크 게임. 일반적으로 스크래치라고 알려졌으나 정확한 용어는 스트로크플레이다. 영어 스크래치는 핸디를 뜻하지만, 일본으로 와서 타수만큼 돈을 주고받는 내기 용어로 발전했다. 영어와 일본어가 합쳐져 핸디만큼 돈을 미리 주고 개인 플레이하는 것을 말한다.

그럼 이 게임을 할 때는 어느 정도 금액을 걸어야 서로 얼굴을 붉히지 않을까. 1000 원이 가장 적당하다. 하수에게 실력 차이만큼 핸디를 주더라도 상호 부담이 없다. 잃는 순간은 아무리 적은 돈이라도 기분 나쁘지만 라운드 후 종합적으로 계산해보면 견딜 만하다. 하루 잘 놀았다는 의미를 되새길 수 있는 수준이다.

통상 고수끼리는 '오장'이라고 해서 한 타에 5000 원, 배판에서는 만 원짜리 게임을 한다. 컨디션이 안 좋으면 크게 잃을 수 있다. 내 친구들은 이렇게 논다. 그날 1 등 한 친구는 무조건 밥을 산다. 2 등 한 친구는 그늘집 식비를 계산하고 3 등과 4 등은 공짜다. 밥 사는 1 등 친구는 당연히 4 등 한 친구에게 "고맙다" "잘 먹었다"는 인사를 잊지 않는다. 돈은 잃어도 친구는 잃지 않는 매너다. 가끔 순위를 놓고 싸우기도 한다. 한 번은 모두가 컨디션이 괜찮아 1 등 한 친구가 '민족자본'(딴 돈이 아닌 자기 돈)을 내고 밥을 샀다. 기분 좋은 날이었기 때문에 캐디 피는 꼴찌가 내는 아량을 베풀었다.

두 번째 짝짓기 게임. '뽑기 학원'이란 말이 나올 정도로 인기 있는 게임이다. 한 홀 게임이 끝난 후 짝을 정해 돈을 주고받는 규칙이다. 요즘 은행에서 고객에게 주는 사은품 가운데 뽑기주머니도 있는 걸로 봐서 대중화된 듯하다. 내가 잘 못 쳐도 짝을 잘 만나 따는 묘미가 있으니, 멀리건도 남발하고 서로 잘 치라고 격려하는 친선게임이다. 골프의 네 가지 속성(grass, oxygen, light, friend) 가운데 친구끼리 우정을 중시하는 게임이다. 다만 우리 같은 로 핸디는 집중력이 스트로크 게임보다 떨어지는 단점이 있다.

상하 간 친목을 도모하는 데는 좋지만 어려운 사이끼리 행하기엔 뭔가 찝찝한 면도 있다. 선후배나 상사를 모실 때가 그렇다. 그래서 요즘 새로 접한 게임 하나를 소개하고자 한다. 친구가 KBS 에 근무하는데, 거기서 개발돼 주로 사용하기에 속칭 KBS 룰이라고 한다. 한국 표준게임 시스템이란 것이다. 자기들끼리는 이 방법을 써서 서로 말이 없도록 한다는데, 어려운 사이에 사용하는 방법이다.

이 게임은 어떻게 하는가. 라운드 전 자신의 핸디를 미리 기록한다. 9 홀 기준으로 고수는 40 타, 하수는 50 타 등으로 자기 핸디를 공개한 다음, 전반 9 홀에서 자신이 내건 타수만큼 치느냐 못 치느냐로 등수를 결정한다.

예를 들어 40 타로 타수를 공개하고 전반 홀이 끝난 후 42 타를 치면 +2 가 된다. 50 타를 내세운 친구가 48 타를 쳤다면 -2 가 돼 언더파를 친 것이 된다. 이렇게 해서 등수가 결정되면 순위대로 돈을 낸다. 1 등은 안 내고, 2 등은 3 만 원, 3 등은 5 만 원, 4 등은 7 만 원 등으로 정해놓으면 모든 게임이 자신과의 싸움이 되고 그날 경비도 해결된다.

이어 후반 홀에서는 전반 홀에서 친 점수가 기준이 된다. 핸디를 40 타로 부른 친구가 42 타를 쳤다면 그것이 후반 홀 기준이 된다. 후반에 40 타를 치면 -2 가 돼 언더파가 되고 순위에 영향을 미친다. 50 타를 부른 친구가 전반에 48 타를 쳤으면 후반에서 50 타를 쳐도 +2 가 된다. 당연히 순위에 변동이 생긴다. 1 등이 꼴찌가 되고 3, 4 등이 바뀐다. 전반에 한 푼도 안 낸 친구가 후반에 99% 꼴찌를 한다. 실제 해보라. 네 명이 거의 균등하게 그날 경비를 내게 된다.

딴 사람과 잃은 사람의 수준

이때는 총무 임무가 중요하다. 전반 홀이 끝난 다음 등수를 발표해 미리 약속한 벌금을 정확하게 받아내야 한다. 내는 사람에게 '자신과 싸운 결과에 승복하는 것'임을 주지시킨 다음에.

네 번째는 부부 게임이다. 팀 스트로크 게임인데, 부부가 아니라도 고수와 하수끼리 어울릴 때도 할 수 있다. 두 명이 짝이 돼 타수를 합해 상대 팀과 비교, 타수만큼 내기를 하는 방법이다. 이때 반드시 '타수만큼' 원칙을 지키는 것이 중요하다. 나이가 많을수록 한 번의 실수로 그 홀을 포기해버리는 경우가 많다. 이 게임을 하면 한 타 한 타 신중하게 치게 된다. 못 치는 사람도 고수한테 미안해 신중하게 칠 수밖에 없다. 물론 부부끼리 하면 라운드 후 싸움의 원인이 될 수 있다. 같은 편을 먹은 사람끼리 싸울 조짐이 보이면 상대를 바꿔 팀을 짜는 것도 한 방법이다. 비록 게임에 져서 돈을 잃어도 나 혼자가 아니라 같이 편먹어서 잃었기 때문에 위안이 되고 즐겁게 뒤풀이를 할 수 있다.

다섯 번째는 조폭 스킨스 게임. 알려진 것보다 훨씬 재미있다. 이 게임은 원래 버디하는 사람이 싹쓸이해가는 것이지만, 규칙을 조금만 바꾸면 마지막 홀이 끝날 때까지 승부를 예측하기 어렵다. 즉, 기존의 스킨스 게임에 보기를 한 사람은 무조건 토해낸다는 규칙이나, 더블보기를 한 사람은 민족자본까지 내놔야 한다는 룰을 추가하는 것이다. 또는 쿼드러플 보기를 한 사람은 얼마를 더 내야 한다는 규칙을 정해보라. 매 홀 집중력을 발휘할 수밖에 없다. 라운드가 끝난 후 일등 조폭이 딴 돈을 가지고 얼마나 선심을 베푸느냐가 그날 기분을 좌우하는 만큼, 뒤풀이 때 화제가 만발해 재미있다.

어떤 게임규칙으로 내기를 하든 결론은 딴 사람과 잃은 사람이 구분된다는 것이다. 뒤풀이 수준이 높으면 '더불어 법칙'의 격도 높아진다. 나는 마지막 홀쯤 가서 이런 이야기로 돈 딴 녀석이 그냥 가지 못하도록 못을 박는다.

"인간의 경제활동은 두 가지로 평가된다. 기업가 정신이냐, 장사꾼 정신이냐가 그것이다. 기업가는 자신의 경제활동으로 번 돈을 직원과 나누고 사회에 돌려준다. 장사꾼은 번 돈을 자기를 위해 쓰고 남을 배려하지 않는 특징이 있다. 우리, 최소한 기업가 정도는 돼야 하지 않겠나."

"막스 베버란 친구가 있어. 이 친구 명언 가운데 '나를 위해 한 일은 내가 죽을 때 같이 죽지만 남을 위해 한 일은 내가 죽어도 남는다'는 말이 있지. 나의 존재 이유는 남을 위해 일하고 돈을 쓰는 거야."

If you do not know the trick, you will get trick, The Importance of Trouble Shots 꼼수를 모르면 당한다, 트러블 샷의 중요성

꼼수란 말은 정치권에서 많이 쓴다. 최근엔 '나꼼수'(인터넷 팟캐스트 '나는 꼼수다')니 뭐니 해서 언론에서도 많이 사용한다. 그런데 골프에도 꼼수가 있다. 우리말로는 꼼수지만 좀 유식하게 말하면 트러블 샷이다. 골프의 꼼수는 어떤 건지 실력 향상을 위해 몇 가지 훈수를 하고자 한다.

먼저 용어 설명. 꼼수는 바둑에서 위기가 발생했을 때 상대를 꼬이는 술법이다. 내 의도를 알아채지 못하도록 유도하는 수로, 사기 행태로 봐도 무방하다. 그런데도 이 수가 가끔 통한다. 한마디로 위기 탈출을 위한 비책인데, 정석대로 했다가는 패할 게 빤할 때 쓰는 수법이다.

기왕 질 바엔 꼼수라도 써서 반전을 꾀해야 하는데, 아예 판 전체를 꼼수로 하는 사람이 있다. 이런 상대는 한 번은 괜찮지만 두 번 다시 만나고 싶지 않다. 어울리는 순간 나도 꼼수를 써야 하는 저질 인간으로 타락하는 기분을 맛보기 때문이다. 꼼수를 피하는 요령은 간단하다. 위기 상황을 만들지 않으면 꼼수를 쓸 기회 자체가 원천봉쇄된다.

꼼수와 골프에는 상관관계가 있다. 골프에서 위기상황은 내가 만들기 때문에 이를 극복하는 방법도 스스로 찾아야 한다. 상대가 없는 경기가 골프이니, 내가 나 자신에게 꼼수를 써야 하는 것이다.

제일 찝찝한 것이 벙커다. 벙커 탈출을 위한 여러 기본기와 공식이 있지만 꼼수로 탈출하는 비법도 있다. 몇 가지 술법을 소개한다. 당연히 프로가 아닌 아마추어 꼼수다.

일반적으로 벙커 안에 예쁘게 놓인 공은 당연히 공식에 따라 친다. 공 뒤 5cm 지점을 노리고 팔로를 끝까지 하라, 거리 계산은 스윙 폭으로 하라 등 교과서를 따르면 되지만, 함몰 상태의 공이나 절반쯤 박힌 공을 교과서대로 하면 실수만 연발한다. 속칭 에그프라이가 된 공인데, 이럴 때는 샌드웨지를 잡지 않는 것이 꼼수다. 피칭이나 9번 아이언으로 깊이 박아 찍어 치는 것이다. 각도가 얕은 아이언이 더 잘 들어간다. 5cm 되는 지점에서 피칭으로 찍어보라. 탈출이 아주 쉬워진다.

내가 나에게 쓰는 위기 극복법

페어웨이 벙커에서 제 거리를 내는 꼼수도 있다. 평소대로 치면 모래 속에 채가 박혀 겨우 탈출한다. 이유는 공만 맞히기가 어렵기 때문이다. 이 경우 세 가지 정도만 외우고 실천하면 된다. 발을 모래 속에 최대한 파묻고, 공을 오른발 앞쪽에서 가격하도록 스탠스를 왼쪽으로 이동하며, 보통 때보다 몸과 공 사이를 더 벌린다. 두어 번 연습해보면 자신감이 붙을 것이다. 특히 벙커 안에서 연습 스윙을 하지 말고 밖에서 공략법을 상상하면서 연습한 다음 벙커로 들어가는 습관을 키워야 한다.

또 다른 꼼수로 페어웨이 벙커에서 우드를 잡는 경우가 있다. 롱 홀에서 거리를 내야 하는 상황으로, 실패할 때가 많다. 그 이유는 모래밭에서는 하체가 견실하지 못해 겨누는 지점과 치는 지점이 다르기 때문이다. 단 하나만 의식하는 것이 꼼수의 비결이다. 즉, 백스윙에서부터 임팩트 지점까지 눈과 공 사이 거리를 일정하게 유지하는 것이다. 그러면 하체가 흔들리지 않는다.

그런데 그린까지 거리가 40~50m 인 벙커의 경우 비거리 계산이 어렵다. 샌드웨지를 잡자니 겨우 벙커만 탈출하게 되고, 피칭을 잡자니 어느 정도 날려야 하는지 헷갈린다.

이 경우도 꼼수 비결 세 가지를 외우고 두어 번만 연습하면 의외로 쉽게 해결된다. 샌드웨지를 사용하되 첫째, 각도를 스퀘어로 하라 둘째, 시선은 공 뒤 5cm 가 아닌 공 바로 뒤에 줘라 셋째, 평소보다 공과 몸 사이를 10cm 만 벌어지게 하라. 거리 조정은 샌드웨지의 기본 거리를 자신의 감대로 하면 된다.

아마추어가 꼼수를 부릴 경우 위의 벙커 샷만 제대로 하면 된다. 하지만 통상 생크(shank)라고 하는 미스 샷을 범하면 수정하는 법을 잘 몰라 더듬거리는 경우가 많다. 자주 어울리는 친구가 70 대 고수인데, 이상하게도 이 친구는 생크만 났다 하면 그날 스코어가 엉망이다. 연속해서 미스하고 기분까지 망쳐 타수가 80 대 후반까지 간다. 불안의 연속성이 근육에 저장돼 다른 실수가 없는데도 생크 때문에 고생하는 것이다.

비록 '적'이지만 안타까운 마음에 교정해줬는데, 그다음부터 내가 이 친구에게 돈을 많이 꼴았다. 실수를 하지 않는 것이다. 생크 방지의 꼼수는 두 손을 어드레스할 때 위치로 가져온다고 생각하는 것이다. 여기서 중요한 것은 두 손을 '가져온다'가 아니라 가져온다는 '생각'이다. 샹크가 발생하는 것은 손이 몸에서 벗어나려는 습관 때문이다. 따라서 왼손으로 리드하라는 법칙도 이를 방지하는 습관의 교정 법칙인 것이다. 클럽을 쥔 손이 몸 밖으로 벗어나려 한다는 것을 알고 이를 조절할 줄 안다면 타수를 5~6개 줄일 수 있다.

중수에서 고수로 넘어가는 비결은 숏 게임이란 얘기를 여러 차례 들었을 것이다. 하지만 숏 게임의 거리 계산과 내 감각을 일치하는 일은 어렵다. 숏 게임의 꼼수는 몸의 법칙을 알아보는 것이다. 중수는 대부분 공을 감(感)으로 그린에 올리고 투 퍼팅한다는 생각을 갖는데, 연습만 제대로 하면 숏 게임의 묘미를 터득할 수 있다.

하수는 거리에서 통쾌함을 느끼지만 고수는 숏 게임에서 카타르시스를 느낀다. 이때의 꼼수 비결은 다음과 같다. 체중은 왼발에 싣고, 다운스윙 시 반드시 양어깨로 팔과 손을 리드하는 것이다. 일반 아마추어가 어프로치 실수를 많이 하는 것은 두 팔과 손으로만 치려 하고 어깨로 리드하는 버릇이 없기 때문이다. 팔과 손이 억지로 끌려 내려오는 느낌이 있어야 제대로 거리가 난다.

이걸 몸에 각인시키려면 연습장에서 자신의 감을 기억해야 한다. 그러니 원칙을 세워놓고 연습해보라. 즉, 연습 스윙 한 번, 실제 스윙 한 번의 공식을 따르는 것이다. 백스윙 크기로 거리를 맞추든, 감만으로 맞추든 자신만의 방법을 사용하면 된다. 단 자신의 감을 연습한 대로 유지하는 것이 중요하므로 반드시 연습 한 번, 실제 한 번의 방법은 고수하길.

인생살이 성공과 실패 갈라

왜 꼼수를 쓸 수 있어야 하는가. 내가 꼼수를 모르면 상대 꼼수에 당하기 때문이다. 우리 사회에, 혹은 국제사회에도 꼼수가 일반화됐다. 특히 북한의 꼼수는 외교전략에서 빛을 발하고 일본의 꼼수는 경제에서 발휘된다.

나는 경제에 문외한이지만 지난번 미국의 금융위기, 즉 서브프라임 모기지론에서 발생한 세계 금융위기의 이면을 들여다보다가 일본의 꼼수를 발견하고 참 놀랐던 기억이 난다. 일반인은 미국이 금융위기 주범인 줄 알지만 내가 보기엔 일본의 꼼수에 당한 것이다. 일본 경제인 700명이 자국을 경제위기에서 탈출시킨다는 명목으로 미국으로 건너가 월세 대신 집을 사는 방향으로 공작을 벌인 결과 서브프라임 모기지론 위기를 불러온 것이다. 사고 팔고 대출해주는 작전.... 꼼수의 전형이다. 9·11 테러 이후 미국이 벌인 전쟁도 꼼수로 이해하면 그 의도가 보인다. 경제가 위태로울 때 주유소를 습격하자는 명분 쌓기용 꼼수, 이라크 잡아먹기가 아니었던가.

우리네 사람 사는 세상도 마찬가지다. 모든 사기는 내가 나에게 치는 거지 남이 나에게 치는 경우는 별로 없다. 내 욕심을 읽은 상대가 철저하게 내 욕심을 파고든다. 이게 바로 꼼수인 것이다.

정치인도 자기만의 꼼수가 있다. 국민을 위한다는 말이 나오면 꼼수로 각인하라. 그걸 읽어내느냐 못 읽어내느냐 차이가 인생살이에서 성공과 실패를 가른다. 골프를 하는 당신, 위기 상황을 만들지 않는 것이 최선의 꼼수 탈출이지만, 위기 시 꼼수를 쓸 줄 알아야 당하지 않는다. 트러블 샷이라는 미명 하의 위기 탈출 능력, 꼼수를 읽고 극복할 줄 아는 능력이 삶의 지혜다.

Imagine, the Score Changes. 상상하라, 스코어가 달라진다

2013.04.29 885 호

프로들의 명상 골프
느림의 골프

나는 프로들의 골프에 대해 쓰려고 하지 않는다. 그들만의 리그를 우리네 이야기로 끌어당기기에는 현실감이 없고, 참가자가 아닌 그냥 구경꾼만 되기 때문이다. 배움도 가르침도 아마추어는 아마추어끼리 해야 제맛이다. 하지만 프로들의 게임에서 꼭 쓰고 싶은 이야기를 발견하면 관전자의 또 다른 눈, 도사의 눈으로 바라본 골프에 대해 쓸 용기가 생긴다.

4월 중순 끝난 마스터스 골프를 구경하다가 재미있는 건수를 하나 발견했다. 우승을 놓고 다툰 아르헨티나 앙헬 선수와 호주 애덤 선수의 이름이 바로 그것이다. 앙헬의 이름은 아르헨티나식 발음이지만 영어로 쓴 걸 보니까 엔젤, 즉 천사다. 애덤은 아담, 즉 최초의 남성 이름 그대로다.

결승 연장전을 하기 전 두 사람의 이름을 보고 누가 이길지 집사람과 내기를 했다. 집사람은 앙헬에 걸었지만 나는 애덤이 이기겠다 싶었다. 나 같은 구도자의 눈으로 보면 아담이 이기지만, 신앙인 눈으로 보면 천사가 이길 것으로 보였을 터. 다음은 그 이유에 대해 철학적 사고와 신화를 바탕으로 집사람한테 해준 이야기다.

천사란 무엇인가. 하늘의 사도라고 이해된다. 날개 달린 천사만 천사가 아니고 빛으로, 느낌으로 자신에게 맞는 길을 알려주는 구도자인 것이다. 강력한 기도로써 존재의 절대자에게 내 뜻을 알려주는 중간 매개자쯤 된다.

그럼, 천사는 실체가 있는가. 없다. 내 의식과 집단의식이 만들어낸 믿음이 실체를 창조한 것이다. 종교적 논쟁을 하는 것이 아니라, 의식의 위대함을 말하는 것이다. 내가 보고 듣고 배운 것들이 아무런 의심 없이 믿음을 가지는 순간, 모든 실체는 창조된다. 일상생활에서 멘털이니 멘붕('멘털 붕괴'라는 뜻의 인터넷 은어)이니 하는 모든 것의 근원은 의식의 위대함을 사용하는 방법을 말한다. 그래서 천사도 악마도 밖에 존재하는 것이 아니라 내 마음 안에서 일어나는 것이기에 기도라는 의식의 위대함을 알리는 방편이 발달해왔다. 단언컨대 천사란 내 마음을 어떻게 쓰느냐의 생각을 정리하는 단어다. 앙헬은 이 신화를 바탕으로 한 성씨다.

최면 걸고 스스로 대화하는 선수

아담은 누구인가. 신화와 전설에 등장하는 최초의 남자 이름이다. 그는 이 지상의 모든 것을 경험해보려고 하느님이 스스로를 본떠 만든 영장류의 이름이다. 혼자서 열매 따 먹고 고기 잡아먹고 하는 활동을 통한 세상 경험, 그걸 하는 남자다. 존재의 절대자가 이런 남자를 다시 만들려고 하다 보니, 의식의 집중으로 형상을 그리기에는 힘이 너무 들었다. 그래서 사람끼리 만들고 기르고 해보라는 의미에서 하와라는 여자를 만들었다. 먼저 만든 남자의 갈빗대 하나를 뽑아서. 그러고 보니, 아담은 흙으로 만들었지만 하와는 남자의 몸 일부로 만들었다. 그래서 여자가 더 섬세하고 정교하게 만들어졌나 보다. 어쨌든 지상의 땅(골프장), 하와를 정복하는 사람은 당연히 아담이리라 예상했다. 그리고 맞았다.

그런데 정작 우승자를 맞히는 것보다 더 즐거웠던 건 제이슨 데이라는 젊은 친구를 발견한 것이다. 천사나 아담보다 더 내 눈길을 끌었다. 이 친구의 명상 골프는 골프를 사랑하는 모든 사람에게 실존적 가르침을 선사할 것이다. 정말이지 추천하고 싶은 골프의 방법론인데, 이를

160

본뜬 마음 골프가 요새 한창 뜨는 것과 무관하지 않다. 최고의 방법론인 만큼 강력히 권하고 싶다.

제이슨은 시작 전 5~10 초간 자신이 친 공의 궤적을 상상한다. 중계방송에서 이 친구가 눈을 감고 명상하는 모습이 클로즈업됐는데, 가히 히말라야 성자의 모습이었다. 턱수염을 기르고 아무런 사심 없이 입을 꾸욱 다문 채 그린을 향해 눈을 감은 모습, 그리고 자신에게 강력한 최면을 거느라 입술을 몇 번 움직이는 모습이 비치자 나는 내 무릎을 탁 쳤다. 10 여 년 전부터 내가 해오는 방법, 친구들에게 보기 이하 플레이를 하려면 마음으로 상상하는 방법이 최고라고 떠들었던 내 주장이 프로골퍼에게서 발견됐을 때의 그 희열감.

당연히 이 친구의 샷 하나하나를 살펴보지 않을 수 없었다. 그 많은 갤러리 앞에서 오로지 자신만의 목표를 향해 스스로와 대화하는 모습은 최고 선수라 해도 과언이 아니었다. 고수에 가까워질수록 자신과의 싸움이라고 말하는 선수가 많지만 이를 실천하는 선수는 별로 없다.

그것을 제이슨은 하고 있었다. 감히 주장하건대 이 선수를 주목하라. 당대 최고 선수가 될 것이다. 비록 타이거 우즈가 아닌 타이어 우즈가 될지언정 일반 선수와 비교할 바 아니다.

화면에 잡히지 않은 제이슨의 내면으로 들어가보자. 어떻게 공의 궤적을 그리는가 하는 방법론이다. 이른바 진정한 마음 골프를 어떻게 하느냐의 문제로, 네 단계로 나뉜다.

첫 번째 단계는 날아가는 공의 궤적이다. 실제 속도와 시간으로 상상하는 것이 핵심이다. 두 번째는 그린에 떨어지는 공의 모습을 그림으로 그리는 것이다. 날아가 사뿐하게 안착한 다음 깃대로 굴러가는 공을 사실인 것처럼 강력한 믿음으로 그려보는 것으로 시작한다. 이때 주의할 점은 상상하는 시간의 속도다. 생각의 속도는 순간이기 때문에 잠깐 스치는 정도로 상상하면 휘익 지나가버린다. 친다고 하는 생각 대신 날아가는 공의 모습을 실제 속도와 시간으로 그려보는 것이다.

생각의 파동 근육에 저장돼

세 번째는 어드레스 자세를 그려보는 것이고, 마지막 네 번째는 공을 치는 자기 모습을 그리는 것이다. 시간이 없다고 생각되면 세 번째와 네 번째 단계는 생략해도 된다. 그러나 공을 치기 전 무한한 시간이 있으므로 얼마든지 네 단계를 다 실천할 수 있다. 연습스윙하는 것보다 상상스윙이나 버디하는 그림을 그려보는 것이 훨씬 효과적이다.

물론 처음 하는 사람은 실제 효과를 보지 못하겠지만 이를 습관적으로 하다 보면 어느새 훌쩍 커버린 자신을 발견할 수 있다. 몸으로 하는 골프의 기술은 분명 한계가 있다. 하지만 마음으로 상상하며 치는 골프는 시간이 지날수록 한계가 없음을 분명 느낄 것이다.

내가 생애 최고 타수를 기록한 것도 한창 명상 골프를 할 때였다. 이와 같은 방법을 습관화하려고 티샷 하기 전 가부좌 자세로 도사 폼을 좀 잡았더니 동반자들이 재미있어 하고, 내가 오늘은 이러이러한 골프를 하리라 미리 말했기에 다들 결과를 몹시 궁금해 했다. 18홀 동안 말을 한 기억이 별로 없다. 그저 그리고 또 그리고 상상하는 즐거움을 혼자 누렸는데, 동반자들이 그 결과에 놀라워했다. 평소 실력대로라면 당연히 80 전후의 점수가 나와야 하는데, 언더(under)였기 때문이다. 그때 나 스스로가 확신을 가진 것이 강력한 믿음은 언제나 현실로 드러난다는 점이었다.

몸을 움직이게 하는 것이 생각이라는 데는 누구나 동의하나 그 생각이 파동으로 변해 세포 구석구석에 저장된다는 것에 대해선 반신반의한다. 이 경계선을 무너뜨리는 것이 마음 골프, 명상 골프, 도 골프의 진수다. 이렇게 쳐서 저렇게 날아가리라는 상상이 그대로 근육에 저장된다.

모든 근육의 움직임은 그 생각에 따라 반응하는 것이다. 저장된 기억과 상상이 몸을 움직이게 하는 속도가 빠를수록 우리는 운동신경이 발달했다고 표현한다.

운동신경이란 말도 따지고 보면 세포에 저장된 반응의 속도와 기억이 재현되는 것일 뿐이다. 근육세포에 저장된 의식의 진동수는 비슷한 조건이 되면 자동으로 반응한다. 이것이 의식으로 움직이는 내 모든 행동의 근원이고 삶의 기본이다.

어디 골프뿐이랴. 뭐든지 강력하게 원하고 믿음을 가진다면 현실에서 재현된다. 이는 추상적 구호가 아니라 실존하는 진리다. "구하라, 그러면 얻을 것이다"라는 말의 과학적 진실은 생각의 파동이 근육에 저장돼 내 행동을 그렇게 유도한다는 진리다. 무엇을 하기 전 제이슨이 샷 하는 모습을 그려보면서 결과를 상상해보라. 돈을 벌든 명예를 추구하든, 반드시 그렇게 된다고 강한 자기 확신을 심어주는 그림 그리기, 바로 현생을 즐기는 가장 확실한 방법이다.

About the Author

Kim Jong Up was born in 1956 in Changwon, Gyeongsangnam-do, South Korea. He graduated from Masan High School and the Korea Military Academy and he was discharged as a colonel after 29 years of military service. He's been training with nature to reach enlightenment throughout his military service and after his military life. After experiencing the mysteries of the universe, the military uniform was changed into a training uniform, and he lives in the joy of spreading the Tao tradition to as many people as possible and maintaining a daily practice of the Tao. Currently, he is the representative of the group Do-na-nurie (Sharing Tao) and gives advice to anyone who wants to train with him. His books include Doran Doran Tao story, An Evolving Mind, and Freedom from Cancer.

You can find information at www.donanuri.org
http://cafe.daum.net/donanury

www.ingramcontent.com/pod-product-compliance
Lightning Source LLC
Chambersburg PA
CBHW071530040426
42452CB00008B/960